前田日明が語る
UWF全史 上
Akira Maeda
前田日明

1986年4月29日 於三重県・津市体育館　前田日明VSアンドレ・ザ・ジャイアント戦

前田日明が語るUWF全史　上

1984年4月11日〜
1987年6月23日

目次

息子と娘が
大人になった時、
父親の生き方を
誇れるような、
そういう生き方を
したいんです。

［下巻］　目次

［凡例］
文中、□の記号あと、太明朝で表記したものが前田日明の発言、記録。
●印が『1984年のUWF』からの引用、
○印がI氏の分析です。
その他の資料の引用は冒頭に■の記号を表示しています。
また、年表部分はゴジックで表記しました。

写真撮影　長濱　治
装幀　草谷隆文
編集　塩澤幸登
口絵写真提供　ベースボール・マガジン社

序

2017年10月31日

前田史観について

俺は本当に
怒っているんです。
2017.10.31

本書は著者である前田日明の発言と『U・W・F戦史』の作者である塩澤幸登の編集、そして、某大企業に勤めるエリート・サラリーマンであり、小学生の時から四十年間以上のキャリアを持つ熱心なプロレスファンであるI・K氏が披瀝したネットのなかのホームページでの資料に基づいた考察・分析によって成立した、プロレス団体UWFの誕生から終焉までの歴史を時系列で克明に記録した作品である。

まず、前田日明はこう言う。

この本を自分が作ろうと思ったきっかけなんですけれども、UWFのドキュメンタリーが雑誌の『Number』に連載されたものが一冊の本になった、『Number』というのはちゃんとしたスポーツドキュメンタリーを追い求めている雑誌でしたから、その連載もちゃんとした姿勢で書いているんだろうなと思っていたんですね。で、著者の柳澤健本人に関しては、『1976年のアントニオ猪木』を読んで、ああ、あのことに注目した人がいたんだ、新日本プロレス内で語りぐさになっていた話を、よく注目したなと思ったんですね。

猪木さんというのはアクラム・ペールワンとやったり、韓国のレスラーとシュートマッチやったりしていて、内部にいる人じゃないと分からない話が色々あるんですけれど、よくそれを取材したなと思っていて、あ、真面目に対象を取材して書いているんだなと思っていたんですよ。で、その人がUWFについて書いているというから、ある程度信用して、安心していたんです。それで、そ

のうち取材に来るのかなと思っていたら、なかったから、まあ、シオザワさんがやったみたいにデータにあたって、そのデータの事実のなかから書くっていうスタイルもあるから、データを読み込んで原稿を書く人なんだなと思っていたんですね。

そしたら、なんかいろいろと聞こえてくるようになって、それがある日、ライターの吉田豪と話をしたときに、「前田さん、あの本、読んでないんですか?」って聞かれて、読んでいないと言ったら、「絶対読んだ方がいいですよ、読んだらビックリしますよ」って言うんですよ。

それで、本を読んでみて、なんなんだこれは、と思いましたよ。読んであきれた。コイツ、金を儲けるために、ドキュメンタリーを名乗って、メチャクチャ書いているんですよ。資料をまともに読まずに、そのまま使えばいいのに都合の良いように改竄して、当時の状況を全部無視して、自分というゲロを他人に向かって吐いているような文章で、なんなんだよ、これ、と思ったんです。それで、自分で本を作ろうと思ったわけです。

自分から、本を作らなければと思ったのなんて初めてですよ。自分の経験と当時の資料に書かれていることを正確にみんなに話して、あのときのUWFの現実を知ってもらわなければいけないと思ったんですよ。

前田は一九八〇年代のプロレスについて、こう言う。

いまのアメリカの格闘技業界というのは、ものすごい活況を呈しているんですよ。日本と一桁違うお金が動いていて、そういう意味じゃ、日本の格闘技というのはまだまだなんだけれど、自分が現役だったころのプロレスというのは、総合格闘技が出てくるまで、球技以外のスポーツでは、ボクシングのヘビー級のタイトルマッチは例外として、日本でもアメリカに負けないくらいの大きなお金が動いていたんですよ。そして、やっぱり大きなお金が動くところには、たくさんの人間たちが集まってきて、多士済々、いろんな才能が集まっていたんですよ。そういう人間たちのなかで、いろんなせめぎ合いがあって、主張があって、将来の方向性を模索し続けていたわけです。

日本では、猪木さんが中心になって、新日本プロレスが「キング・オブ・スポーツ」を名乗っていたんですね。それは実力主義という考え方で、選手は実力がないとダメだ、本当に強くなければいけないんだと思いながら、やっていたんです。それで、そのことを一番言われていたのが、自分たち世代というか、当時の新日本プロレスの道場で育った人間たちだったんですよ。

佐山さんしかり、藤原さんしかり、自分しかり、やれ高田だ、船木だ、あのへんはみんなそうですよ。はっきり言って、そのことを抜きにして、修斗もＵＷＦもＰＲＩＤＥもＫ—１もないんですよ。あそこがすべての出発点なんです。

そのビッグ・バンの大元になったのはどこかというと、新日本プロレスの道場なんですよ。ターザン山本の本のなかに「ＵＷＦは猪木だ」って書いてるところがあるんですよ。彼の言うことはけっこういい加減なんだけど、そこのところはある程度は正しくて、猪木さんがちゃんとしたプロレスが出来なくなっていったのに並行してＵＷＦは認められていったんです。これは猪木さんが果たせなかった夢をＵＷＦが追いかけたという意味だと思うんだけど、そのこともこの本のなかでちゃんと説明しているんです。それは猪木さんというよりは、新日本プロレスという団体の道場に宿っていた戦いの精神といった方がいいかもしれないんですよ。

それで、新日本の道場をそういうビッグ・バンの起源にして、特異点を持ってきたのは誰かというと、やっぱりゴッチさん（カール・ゴッチ）なんですよ。この本（『1984年のUWF』）はそのゴッチさんでさえ、ちゃんと調べもせずにこき下ろして書いているんですよ。それは、基本的に、この本の作者が、所詮プロレスなんだから、こんなもんでいいだろう、みたいなことで書いたんでしょうね。よく分かっていないで、全てを貶めているんです。

あのころ、相撲、野球、プロレスというのが、日本の三大スポーツの娯楽で、自分たちはなんだかんだ言っても、プロレスラーという職業に誇りを持ってリングに上がっていたんです。そして、声援の熱狂に包まれながら戦った。そのことをみんなに知ってもらいたい。

自分はいろいろな経緯があってUWFを選んだわけですが、自分にとってのUWFというのはそういう存在なんです。


UWFはいったいどこから始まったのだろうか。

過去に起こった出来事というのは、最初のうち、みんな、事実関係の記憶は鮮明なわけですから、正確な因果関係がある程度判断できていると思うんです。それが時間が経つにつれて、記憶がどんどん曖昧で不確実になっていく。印象ばかりの思い出話になっていくんです。それをいまの答のわかった上での考え方に基づいて、昔のことを判断するようになっていってしまうんです。

たとえば、日本の憲法は七十年前に作られたものだけど、変えなきゃダメだという人がどんどん増えているでしょ。これは法律とかルールいうのはそういうもので、しょうがないことだと思うんです。時間が経過して、自分たちの周辺環境とか、自分自身の境遇とかも変化し続けているからなんですけれど。だけど、だからといって、あの時代に起こった事実をウソだとか、デタラメだとかいうわけにはいかないと思うんですよ。

ＵＷＦもそれと同じなんですよ。あれからもう、三〇年以上が経過してるんだけど、人間の記憶って、自分の都合のいいことしか覚えていないものなんですよ。印象ばかり忘れずにいるみたいなことが本当にあるんですよ。

それで、当時、当事者でもなければ直接の関係者でもなかった人たちが、平気な顔をして、事実とまったく違うことを言い始めているんです。これは、みんなあのころのことを忘れてるだろうから、ウソついても大丈夫だみたいなことなのかも知れないけれど、事実の記録が残っているんです。法は変えればいいんだけど、過去の現実はそういうわけにいかない。実際にオレたちはそういうなかで散々苦労したんだからね。

みんなよく、歴史は人それぞれで、百人百通りの歴史があるんだみたいなことをいうけど、それは歴史観や歴史像の話で、そのときに起こって、現場にいた人たちが目撃した事実はひとつしかないんですよ。

多分、前田史観という言葉は、『１９８４年のＵＷＦ』の著者の柳澤健が自分が書いた本を説明するためにいろんなところで言っている言葉らしいんだけど、みんなが、あの人は本当にプロレスが分かっているのかよ、本のなかはウソだらけじゃないかって言いだしているんですよね。だけど、若い、昔のＵＷＦを直接には知らない人たちのなかには、あそこに書かれていることがそっくり本当で、事実だと思って読んでいる人もいるんですよ。

あのＵＷＦのなかで、佐山さんがどういう役割を果たしたか、そのときのオレはどうだったのか、藤原さんは何を考えて、どう行動したか、それもきちんと正確に記録し直されなければならない。オレはそう思っているんですよ。

多分、前田史観という概念＝言葉は先日、『１９８４年のＵＷＦ』というノンフィクションを上梓した柳澤健が、同書を説明するためにいろいろなところで言って回っている言葉らしい。ＵＷＦを前田日明が中心的な役割を果たした団体だったと考えるのは間違っているというのだ。

前田自身は、この［前田史観］という言葉をどう受け止めているのだろうか。前田は言う。

前田史観とかいうんだけど、こうやって、昔の記事とか順を追って読んでいってくれれば、自分が言っていることが常識的なことだというのはわかると思うんですよ。自分は誤魔化したりしてはいないですから。ユニバーサル（第一次ＵＷＦ）のときの自分は、自分が中心だとか、そんなことまったく考えていなかったですよ。

（前田さんは当時の自分をどういうふうに考えていたの、と質問）

自分は母親の入院費用がどうしても必要だというような個人的な問題でユニバーサルに行くっていうふうになったのに、高田にしても藤原さんにしても、神とか鈴木とかもそうなんですけど、安定していた生活を蹴って、（ユニバーサルに）来たわけじゃないですか。オレはそのことにすごい恩義を感じていたんですよ。で、彼らの生活をなんとかして守らなきゃいけないと思っていた。もう、自分のところに来てくれて有り難い、と。

（そのときは、たとえば自分が団体のエースなんだとかいう自覚はあったんですか）

まあ、新間さんからはお前がメーンエベンターなんだよって言われてましたけど、考えてみると、なんか、自分は海外にいって、1年で引きもどされたんですね。普通は3年ぐらい行っていられるのに1年で日本にもどされた。だから、この時代も新弟子というか、若手気分でいたころと精神的にはなにも変わっていなかったんですよ。で、急にメーンエベンターだって言われてもちょっとナア、みたいなところがあったんです。

だから、当時、帰ってきて、猪木さんとタッグマッチ組まされたときに、あの、猪木さんの前を若手が両手広げて歩く（邪魔にならないように、通行人を左右にどける）仕草があるじゃないですか。自分はあのとき、猪木さんとタッグを組んでいる選手なのに若手といっしょにこう（両手を広げる仕草）やって山本小鉄さんに「お前、何やっているんだ。バカヤロー！　お前もメーンエベンターで出ているんだから、そんな若手みたいなことするんじゃない」って怒られましたからね。

ユニバーサルのころの自分はプロレスラーとしてはまだ全然未熟ですよ。

（自分のプロレスはこれで完成した、っていうような意識はどのくらいあったんですか、と質問）

そんなの全然、ずっとなかったですよ。なんていうのかな、仕事として、そういう環境のなかにいるから、一生懸命にやって、なんとかやっていけるようになったみたいなことは思いましたけど。

これでプロレスラーとしてやっていくのでもいいやと思いはじめたのは、やっぱり業務提携時代になってから、アンドレ・ザ・ジャイアントやニールセンとやった騙し討ちの試合とかがあって以降のことですよね。あのころ、周囲とゴツゴツぶつかって（新日本プロレス側と）斬った張ったしながら、なんとなくものごとがうまいこと回り始めて、新日本を敵に回してやっているんだから、マアマアだなと思い始めたんです。

ユニバーサルのときは、藤原さんを中心とする一家があって、オレはその家族の長男だと思っていたんです。オレたちというのは、自分と藤原さんのスパーリングから始まって、自分たちがスパーリングをする場所を確保するためにどんどん仲間を増やしていって、多数派工作してリングを確保していたのが、気が付いたら、それがUWFになっていたと言うことなんですよ。

あとから、レスラーだと木戸さんとか、背広組でいうと伊佐早さんとか、新日本を捨ててUWFに来てくれたでしょう。そういう人が何人もいて、そういう人たちもなんとかまとめていかなければいけない、と。藤原さんに「どうしたらいいですか」と訊くと「オレはそんなの知らねえよ」っていって投げちゃうんですよ。佐山さんはなんかあるごとに他の人間の意見を無視して「自分の思い通りに出来なければオレはやめる」っていって実際にやめちゃったし。しょうがないからオレが先頭に立ったっていうことなんです。

この団体の歴史のなかで、佐山聡が果たした役割も、前田が担った役目もきちんと、正確に記録され、そこで、その妥当性や意味がどういうものであったか、判断されなければならない。

柳澤は『1984年のUWF』のなかで、二つの大きな間違いを犯している。

まずひとつは、冒頭で書いたように、歴史と歴史観をごっちゃにしていて、事実と心的事象を整理せず、ごちゃごちゃのままで平気で原稿書きをしている。それだから、事実と経験を語っていて、それに随伴するそのときの自分の思いを想起して語っている前田の証言を［前田史観］と呼ぶことになるのだ。

前田史観は前田本人が作ったものではなく、前田の話を聞いて、自分の考え方に合わせて原稿を書いた作家やライターたち、さらにそれを受け取った編集者たちが作りあげたものなのだ。

そして、柳澤のもうひとつの大きな間違いは、事後法的な発想である。

一九八〇年代のプロレスについての大衆的な認識とその三十数年後、現在のプロレスに対する一般的な人々の認識には大きな断層と相違がある。その断層を作ったのは、長く新日本プロレスのレフェリーだったミスター高橋が書いた書籍『流血の魔術 最強の演技 すべてのプロレスはショーである』とそのあとを追う形になった高田延彦が作った『泣き虫』だった。

それまでもフェイクという言葉は（ケーフェイなどという隠語になって）隠然と存在していて、プロレスは八百長じゃないか、と考える風潮はあったのだが、プロレスのフェイクの内部構造が明らかになったのは、この二冊の本がきっかけだった。ここから、プロレスの根幹のファンたちまで影響を受けて、いろいろな人たちが自虐暴露的にプロレスの持つ演劇性を［八百長］という非常に誤解されやすい言葉で、普通に語るようになってしまうのだ。

それはプロレスの愛好者だった人たちのあいだに、大きな溝として存在し、かつて、昭和の時代にプロレスに熱狂観戦した人たちの意識のなかにも、裏切られた、あれは真剣勝負じゃなかったのか、と考えている人たちがかなりいるのである。

真剣勝負とプロレスを明確に対立的に考えはじめるのは、ミスター高橋の本が出て、それ以降の話で、それこそ二十一世紀になってからのことなのである。それまではその境界線はかなり混沌としたものだった。

柳澤は、この二つの時代の文化状況を混同して、ＵＷＦはフェイクだった、と書いているが、このことについて、前田はこう言う。

だからオレは最初からＵＷＦはプロレスだったって言ってるじゃないですか。ただし、原点（ガス燈時代のプロレス）回帰を目指すプロレスなんだと言ってるんですよ。オレがウソをついていないのは、当時の雑誌のインタビューとかを調べてもらえればわかりますよ。それをいま頃、あれはプロレスだったんじゃないかと言われても困る。

一九八〇年代には一九八〇年代のプロレスについての大衆の側の時代感覚があり、二〇一七年には二〇一七年の時代認識がある。それをごっちゃにして、いまの時代の物差しを昔に持っていって寸法を測ると、「なんだよ、これ」みたいな話になる。なんだ、あの時代のＵＷＦはフェイクだったんじゃないか、というような言説が成立しはじめるのである。

柳澤の最大のミステイクは、平成のいまの価値の尺度を、換算システムを持たないまま、三十五年前に持ち込もうとしたところにある。喩え話をすると、一九八五年にタイムトラベルして千円をドルに交換しようとしたら四ドルしかもらえなかった。「あれ、1ドル百十円じゃないの」と聞くと、「なに言ってるんですか、1ドル二百二十円ですよ」と言われるようなものである。八〇年代には八〇年代の固有の現実があったのだ。

彼が歴史小説を、つまりフィクションを書いているのだといっているのであれば、問題は登場人物がいまも生きていて、その人を悪役に仕立ててどうするつもりだというところで、論じることが出来る。しかし、実際はそうではないのだ。彼は自分が描いたことはすべて事実だ、オレはノンフィクションを書いたんだと言っているのだ。

ＵＷＦを前田中心に据える考え方はこれまで、自然なものとして受容されてきたが、前田史観という言葉はある種の根源的な悪意に基づいて世に現れ、いまや、おそらく、前田に対する大衆的な支持や名声、事業の成功に対する妬みなどから前田をＵＷＦの主役の座からなんとかして引きずり下ろそうとする人たちの努力の「力」として働いている。Ｕはオレだ、Ｕはお前だ、というような話である。それはしかし、実体のＵＷＦとはまた別の問題である。

前田についての、いつまでもちやほやされやがって、面白くもねえ、というような風潮のなかで柳澤は先に結論ありきのアイディア商品のような発想で、『１９８４年のＵＷＦ』をＵＷＦの主役は前田日明ではなく、佐山聡であるということを主張するために書いたのである。

佐山聡というのは一九八〇年代のある時期、タイガーマスクであったプロレスラーである。

実はインターネット上の自分のホームページで柳澤の『１９８４年のＵＷＦ』を俎上にのせて、徹底的に検証している人がいる。その人はまずこう言う。

柳澤健の最新作は、筋書きに合う資料だけを連ねる偏りがあって、結果として佐山聡を持ち上げ、前田日明を貶めている。これを検証する。

Ｉ氏は子どものころからのプロレスファンで、今年四十九歳になるという。冒頭でも書いたが、小学生のころから四十年以上日本のプロレスを熱心に見つづけてきた人だ。Ｉ氏は前田とＵＷＦのことも学生時代から情熱を燃やして観察してきたのだという。彼は柳澤の本に書かれている事柄を徹底的に調べあげ、検証している。

本書成立のための編集作業の内実については［下巻］の後書きに書く。くり返しになるが、本書は著者・編集者としての前田日明とそのアシスタントであるわたし（塩澤）と精密機械のようなデータ検索マシンであるＩ氏の三人の共同作業でできあがったものである。

わたしたちがなぜこんな本を作ったか。それは主として、ＵＷＦの歴史を変なふうに改竄させないためである。ＵＷＦの六年八カ月の歳月のなかで、なにが起こったか、前田日明を水先案内人に、いまから、ＵＷＦがたどった六年八カ月の軌跡を細かく精査し、出来事を時系列で羅列しながら、現在分かっているかぎりでの事実を記録し、真実を描きだしたいと思う。

そして、いまＵＷＦの歴史に生じようとしている誤解と歪曲を、徹底的に検証し、是正していこう。

なお、文中で、前田が「ターザン山本の本」といっているのはこの本である。

■『暴露〜ＵＷＦ15年目の予言〜』24頁

猪木の体力が衰え、猪木が退潮現象していった時期と、ＵＷＦが誕生したことが、見事なほどシンクロしている。「猪木に期待していたことが期待できなくなった時、いいタイミングでＵがそこに出てきたんです。猪木と新日本プロレスに失望したファンが、横すべりしてＵに移っていったんです」

確かに、一九八〇年代のプロレスの歴史の本流は猪木と前田とでつながっている。わたしたちの作った本を読むと、そのこともわかる。

（塩）

第一章

1984年4月11日〜
1984年5月21日

ユニバーサル旗揚げ

どうだ見たか
これが俺の戦いだ。
俺は格闘技としての
プロレスの原点を
追求するんだ。

1984.4.11

新団体ユニバーサル・プロレス（Universal Wrestling Federation）の旗揚げ戦が行われたのは、一九八四年の四月十一日のことだった。場所は埼玉県、大宮スケートセンターである。

この日のメーンエベントについて、『１９８４年のＵＷＦ』はこういうふうに取り上げて書いている。まず、その問題箇所をＩ氏に分析してもらおう。

●プロフェッショナルであるマンテルは、試合を盛り上げようとベストを尽くしたものの、興奮した日本人のベビーフェイスは、観客を喜ばせることよりも、むしろ自分を強く見せることに夢中になっていた。

そして最悪の瞬間がやってくる。マエダのスピニング・ヒールキック（フライング・ニールキック）がモロに顔面に入った、とマンテルは自伝の中で回想している。

《その一撃で俺は失神し、目からも口からも、そして鼻からも出血した。もし私が経験の少ないレスラーであったなら、マエダが俺にシュート（リアルファイト）を挑んできたと考えたに違いない。たとえストリートファイトでも、俺がこれほどまでにこっぴどく痛めつけられたことなど一度もなかった。

その後のことは、マエダが俺をピンフォールしたことも含めて、何ひとつ覚えていない。覚えているのは、試合後の俺が若い日本人レスラー数人とレフェリーに支えられながら控室まで戻ったことだけだ。（略）ホテルまで戻るバスの中では、ずっと頭がガンガンしていた。急いで残りのスケジュールを確認すると、俺とマエダとの試合は組まれていない。心からホッとした。（略）

ケーシーは、呆れ顔で言った。「バカ言ってるんじゃないよ。ヤツらには最初から試合を盛り上げるつもりなんかないのさ。ほとんどシュートグループじゃないか！」「どういう意味だ？」「ヤツらは普通じゃない。80％がシュートで、ワークは20％だけだ。彼らは（観客を楽しませるためではなく）相手を叩きのめすためのトレーニングを積んでいる。パンチやキックを使って、試合を可能な限りリアルに見せようとしているのさ。マエダにボコボコにされたくせに、お前にはそんなこともわからないのか？」（略）

いま思えば、もし私がマエダの意図に最初から気づいていれば、あのような試合にはならなかった。最初からリアルファイトとわかっていれば、私が勝つことも可能だったはずだ。》（『The World According to Dutch』）

（『１９８４年の～』１０４頁）

○Ｉ氏の指摘　ビデオを見ればわかるが、前田のきつい攻撃はニールキックだけ（顔に当たって口の中を切っている。ただしフィニッシュはジャーマン・スープレックス・ホールド）。マンテルは自分で立ってすたすた歩いてリングを降りている。

旧ＵＷＦ旗揚げ戦のメインを語るために、他であれほど引用している週刊プロレス等の専門誌ではなく、（翻訳が正しいとすれば）間違いだらけのマンテルの自伝をわざわざ引用するのは、前田が一番悪く書かれているから、としか思えない。

右記引用文の冒頭「興奮した日本人のベビーフェイスは、観客を喜ばせることよりも、むしろ自分を強く見せることに夢中になっていた」は、引用でなく柳澤自身の筆になる部分だから、マンテルのせいにはできない。柳澤自身の責任による誤りである。

個人的には、試合が盛り上がりに欠けた要因はヒール役のマンテルの力量不足（知名度不足もあったろうが）であり、むしろ前田が一方的にマンテルを攻め倒した方がよかったのではないかと思う。シリーズ第3戦（4／14下関大会）のメインイベントで2人は再戦し、ニールキック（当時の週刊プロレスの表記では「レッグ・ラリアート」）から体固めで前田が再び勝利している。マンテルの自伝に前田戦は1試合だけのように書いてあるのは、再戦があったのならそこでやり返さなかったのか、と言われないためであろうか。第2戦はメインでラッシャー木村に負け、第4戦はセミ・ファイナルでボブ・スイータンと組んで木村・剛竜馬組に負け（木村がマンテルをピン）、最終第5戦は第4試合で剛に負け。外人組では当初エース扱いだったのかもしれないが、段々ランクが下がっていった印象で、結果は全敗。

ちなみにスコット・ケーシーは木村、剛、マッハ隼人にシングル3連敗を喫した後、第4戦でやっと前田と対戦（メインで負け）。最終第5戦でマッハ隼人に雪辱して何とか1勝を上げた。旧国際プロレス勢を「シュートグループ」と感じたのだろうか。

●もし、前田がUWFに移籍せず、新日本プロレスに残っていたらどうなっていたか？

長州力率いる維新軍の引き立て役をさせられていた前田が新日本プロレスのエースとなるまでには、恐ろしいほどの時間がかかったはずだ。いや、その日が永遠にこない可能性も充分にあった。しかし、実際には25歳で新団体のエースとなったのだ。新日本プロレスでくすぶっていた前田日明の運命は、新間寿に〝騙されて〟ＵＷＦに移籍したことによって開かれたのである。
（『１９８４年の～』１１０頁）

○Ｉ氏の指摘　欧州王者となって帰国した前田は、蔵前国技館でカール・ゴッチをセコンドにつけて凱旋試合を行い、その前週に長州と引き分けたポール・オンドーフに圧勝。続いて第1回ＩＷＧＰに出場し、毎週ＴＶ放送に出ている。さすがにすぐエースになれたはずもないが、少なくともエース候補生として結構な売り出し方をされたのである。

「維新軍の引き立て役」ともあるが、よだれを流しながらサソリ固めを耐えた長州戦（１９８３年11月３日、蔵前国技館）は、高く評価されたと記憶する。暮れのＭＳＧタッグ・リーグ戦にも、藤波と組んで出場している。

●3選手を囲んで、改めて結束を誓い合おうという小さな集まりに、伊佐早はひとりのゲストを呼んでいた。『週刊プロレス』の人気連載「ほとんどジョーク」の選者をつとめていたイラストレーターの更級四郎である。
（『１９８４年の～』１２３頁）

●最後に更級は「ここが勝負だと思って、藤原喜明さんを引き抜いてくれ」とＵＷＦの伊佐早に強く求めた。
（『１９８４年の～』１２７頁）

○Ｉ氏の指摘　『Kamipro』（No・１３０　52頁）にはこういう記録がある。

更級　そしてしばらくして、伊佐早さんから連絡が来て「引き抜きに協力してほしい」と。そこで名前を挙げられたのが佐山さんと藤原さん。

――これは当時から格闘技路線でいこうという中でピックアップされたんですか？

更級　いや、そういうことじゃなくて、前田さんの意向ですね。

どっちなのか。ちなみにターザン山本も、自分が藤原引き抜きを提言した、と書いている（『暴露ＵＷＦ15年目の予言』44頁）。

しかし藤原は、旗揚げシリーズ最終戦に新日本から派遣されて出場した選手なのだから（ちなみにメインイベントの前田戦を裁くレフェリーとしてタイガー服部も派遣された）、ＵＷＦに引っ張ろうと発想するのは自然なことで、皆が手柄争いをするような話でもないと思う。

●しかし、藤原が新日本プロレスのリング上で脚光を浴びることは決してなかった。単純にルックスの問題である。藤原は強いレスラーだが、スター性がなく、客を呼ぶ力を持っていなかったのだ。

（『１９８４年の～』１１４頁）

●しかし、道場でいくら強くても、藤原は売れるレスラーには決してなれない。そう見ていた猪木は、藤原を世話係、身辺警護役、道場破り対応係として使った。何年経ってもリング上でのポジションは上がらず、当然、給料も極めて安かった。

（『１９８４年の～』１２９頁）

○I氏の指摘　前年（83年）秋のシリーズで突如、テレビマッチのセミファイナルに木村のパートナーとして起用された藤原は、ディック・マードック、バッドニュース・アレン組（このシリーズの外人最強タッグ）を敵に回してヘッドバット一本で大善戦をするという活躍を見せた。テレビでしかプロレスを見ない一般視聴者からすれば、見たこともない前座レスラーが実力派外人を蹴ちらした（結局はセオリー通りマードックのブレーンバスターに沈む）場面は〝異様な光景〟であったに違いない。

しかし、マニア層から見れば、「藤原はほんとうは実力があるのだが、あえて前座に甘んじている実力者」との評価が確立していたわけで、「ようやく藤原の〝格上げ〟をやるのかな」という感じで受け止められたものだ（84年2月の札幌では、藤波の対戦相手だった長州をリングに向かう花道で襲撃するという不可解な行為に出て、藤原はテレビに出るレスラーに組み入れられた）。

（『別冊宝島１７９号』「プロレス名勝負読本　あの日、リングに奇跡が起きた！」２０６頁）

長州襲撃事件後、藤原は前座を脱し、「テロリスト」として売り出し中であった。文中にある「マニア層」の評価は、村松友視『私、プロレスの味方です』（正確にはシリーズ3作目『ダーティ・ヒロイズム宣言』情報センター出版局１９８１年刊37頁）で定着したものと思う。地方の中学生だったわたしですら、藤原をそういう目で見ていた。「マニア層」の範囲はそう狭くはなかったはずである。

藤原が選手として最初にテレビ放送に出たのはゴッチ戦（１９８２年1月1日）ではなかろうか。

ただし一瞬だった記憶がある。

●テレビ初登場となったこの試合を契機に、21歳の若者の前にはタイガーマスクの後継者という路線が敷かれていく。（略）しかし、青春のエスペランサは、華やかな舞台を用意してくれた新日本プロレスを捨てて、マイナー団体のＵＷＦに走った。

（『１９８４年の～』１３７頁）

○Ｉ氏の指摘　ＵＷＦに来る前の状況を、前田と藤原に関しては冷遇されていたかのように書いているが、なぜか高田伸彦（のちに延彦に改名）についてだけ、新日本プロレスでの売り出しぶりを強調している。

■波々伯部哲也『「週刊ファイト」とＵＷＦ』１３２頁

〈藤原がメーンイベンターに満足していたのなら新日プロから離れて行きはしない。チャンピオンになりたいのなら高田はサンドバッグを巡業に持ち込みはしなかった。猪木のプロレスがどうであるかではなく、自分のプロレスをやりたかった――それが藤原、高田ＵＷＦ移籍の全てである〉

（『週刊ファイト』１９８４年7月10日号5頁）

［解説　プロレス・ルネッサンスへの同意］　井上義啓編集長の文章である。

昨年十二月、大阪・ナンバの「角力茶屋」で藤原、前田、高田の三人に話し合ってもらった。本紙読者ならおぼえておられるだろう。

このとき、前田は、「外人レスラーが文句ばかり言うので、思い切った攻めができず、ゴッチさんから教わったプロレスが生かされていないのが残念です」と唇を噛んだ。高田は黙っていたが、藤原も前田と同意見で、「真のプロレスとは何か――それを考え、プロレスの原点に戻るべきだ」と、本紙I編集長提唱の「プロレスルネッサンス」に全面的に賛成した。奇しくも、この三人が、今回の電撃移籍で一つにまとまった。座談会をやった当時、こんな発展の仕方をするとは夢にも思わなかったが、この座談会を本紙が行っていたため、今回の藤原、高田UWF入りの背景が即座にのみ込めた。

ゴッチ流のプロレスをリング上に生かし切ろう――それはすぐわかるのだが、隠された真の理由は、プロレスの原点に戻りたいという格闘技者としての熱望だったと思える。（略）〝テロリスト〟藤原は、ひどく実体とは違う。やむなくそうなってしまったのだが、「メーンエベントでも藤原らしいプロレスをやれ。テロリストは藤原とは異質のものである」との本紙論調を、ここで思い出していただきたい。「メーンエベントに出場できるようになったのに、なぜ藤原は新日プロを去ったのか」「高田はJ・ヘビー級王座が目前なのになぜ?」とのファンの疑問に対する答えがこれだ。

藤原がメーンエベンターに満足していたのなら新日プロから離れて行きはしない。チャンピオンになりたいのなら高田はサンドバッグを巡業に持ち込みはしなかった。

猪木のプロレスがどうであるかではなく、自分のプロレスをやりたかった――それが藤原、高田UWF移籍の全てである。

この文章に特に署名はないが、波々伯部さんが言うのだから井上義啓編集長の文章なのであろう。自分を「I編集長」と書くぐらいは普通なのであろう（「I編集長の喫茶店トーク」というシリーズ記事もあった）。UWFを応援していたのは週刊プロレスだけではない。

藤原と高田の移籍問題については、次章の106頁以下で編者が再検討している。

『1984年の〜』のなかのユニバーサル以降のI氏の分析は後段にして、大宮での旗揚げの日から年表の体裁で、UWFというプロレス団体の実像を記録していこう。

【1984年】

4月11日

UWF旗揚げ。オープニング・シリーズ第1戦。場所は大宮スケートセンター。メーンエベントは前田日明対ダッチ・マンテル戦。

まず、UWFはいつから、どのようにして始まったのか。

UWFが始まった日

じつはそれは当たり前のことだが、団体の旗揚げの日が全ての物語の出発点である。文学的に表現すれば、これが誕生日だ。

もちろん、UWFを一個の人間として考えれば、UWFとは誰がどういうつもりで産み落としたのか、その妊婦に種付けをしたのは誰なのかという、団体成立に至る経緯というものがある。

UWFがこの世に生を受けるために、プロレスの世界で生きていたそれぞれの人たちの百人百様の雌伏の日々があったのだろう。それはそれぞれの人々のUWFについての情念に関わることで、当然、人によって違う因果関係の話である。そして、その因果関係は、それぞれの人によって要因の軽重が異なる。

マンテルが書いた前田日明対ダッチ・マンテル戦の様子を、前田はこのように記録している。

□前田の記録

オレはダッチ・マンテルとは初対戦だったが、とにかく自分のレスリングをしようと思っていた。だから、オレはいきなりマンテルの頬に平手打ちをかましていた。外人レスラーはとかくショーアップされている。外国マットはどこでも、それが当たりまえだと思っているフシがある。だからここは全日本プロレスでもなければ、新日本プロレスでもない、UWFのマットなんだと、彼らの闘争本能に火を付けたかったのだ。ところがそんな気持ちをこめたオレのパンチやキックは逆効果だった。マンテルは向かってくるところが、下がる一方になってしまった。（『格闘王への挑戦』24頁）

前田はこのとき、マンテルに、ふてぶてしい、たくましい悪役レスラーを想定して、戦いの準備をしていた。しかし、実際のマンテルはチキン・ハート（臆病、恐がり）で、アメリカで日常的にやっているような、アメリカンスタイルの試合しかやる気がなかった。前田の文章からは、お客さんになんとかちゃんとした試合を見せなければという、レスラーとしての良心だけは伝わってくる。

柳澤が前田とマンテルの試合をどうしてあの形で表現しようと思ったのかよく分からないが、普通、正確を期するという意味もあり、試合の模様を原稿に書く前に、可能であれば映像記録も見て、手元の文章資料と照合してみたいと思うものだし、実際、ユーチューブに頼ればどういう試合だったかなど、簡単に確認できる。

面白いと思ってダッチ・マンテルの手記だけを載せたのかも知れないが、文章は実際と比べて間違いだらけである。それに実際、マンテルはどこもケガをしていなかったと前田は言っている。

また、文中でカール・ゴッチが前田に対して、アメリカではふりをしてやりあうショーマン・スタイルのプロレスばかりになってしまったと嘆いているのだが、これこそ、まさしくアメリカ的プロレスラーの典型の文章で、前田はこの文章の引用を本当に怒っていた。悪意に満ちていると言う。

□前田の発言

オレと大宮でＵＷＦの開幕戦で試合をしたダッチ・マンテルっていうヤツなんだけど、この試合ね、いまもユーチューブで見れるんですよ。それ見れば、顔のどこからも出血していない、普通の退屈な試合だっていうことがわかりますよ。そんでね、二度と前田と対戦しなかったと書いてある

ンですよ。このころね、前田は実力がありすぎて危険なんだと、外人選手から恐れられているんだ、と。外人の選手はみんな、前田と試合するのをいやがっているんだよという、そういう宣伝（アングル）でやったんですよ。それに乗っかってコイツはこういうことを書いているだけの話なんです。誰もケガさせてないし、なんともないですよ。翌日から普通に試合に出ていて、ぜんぜん休場もしてないし、そんなの試合の記録見ればすぐ分かることなんですよ。なんのためにそんなこと、書くのかなと思って。

「日本人は～」というところから、「お前はそんなこともわからないのか」というところも、外人レスラーが言っていることをそのまま真に受けて信じて、コイツ（マンテル）はあのときに作ったアングルにのっとって書いているはずなのに、それを鵜呑みにして、なにを書いているんだという話なんですよ。あの試合の、残っている映像見れば、コイツがここで言っていることが、ウソだってすぐ分かりますよ。ネットで、「前田対ダッチ・マンテル」で検索すれば、すぐ出てきますよ。マンテルがウソついているってすぐ分かりますよ。

それと、このあとの文章に「銀髪の吸血鬼フレッド・ブラッシー」とか、「25歳のクラッシャー（壊し屋）の異名を持つ前田」とか書いていて、「前田はブラッシーのようなプロレスの達人とは正反対のレスラーだった」って書いているんだけれど、吸血鬼とか壊し屋とかレスラーのアングルじゃないですか、それを利用してね、オレを貶めて書いているんですよ。

柳澤はダッチ・マンテルがそのときにプロレス団体が作っていた前田のイメージ（＝前田は壊し

屋［クラッシャー］であるというイメージ）を利用して、［ひどい目にあった話］として、面白おかしく書いている作り話を事実として取り上げているのである。

編者はマンテルの回想録は、原文に目を通していないから断定はできないが、ここに書かれている訳文を読むかぎりでだが、かなりプロレス的な文章だと思う。プロレス的というのは、本人が盛って書いている、アングルという意味である。翻訳だから、内容をいじるというようなことはないだろうが片手落ちというのはこのことで、なぜそんなことをしたかといえば、その方が自分の趣旨に沿った原稿が書けるからだろう。

□前田の発言。
ＵＷＦがいつから始まったかといえば、やっぱり、自分が新聞さんに誘われて、新団体に参加して、大宮で旗揚げした、あそこから始まったんだと思っています。自分たちは当時、自分たちの団体をユニバーサルと呼んでいたんですよ（ＵＷＦの正式名は Universal Wrestling Federation というものだった）。

自分は正直にいうと、このころはもう、プロレスもなんかイヤだな、と思って足洗おうかなと思っていたんですね、ちょうどね。その矢先に、うちの母親が事故で重傷を負って、もう両脚切断だなんだって大騒ぎになって。当時、母親は姫路でお好み焼き屋さんをやっていたんだけど、それもできなくなったし、妹は母親といっしょに暮らしていたんだけど、これも生活できなくなっちゃって、どうしようって困っていたときに、新聞さんから新団体に参加しないかって誘われたんです。

そもそもユニバーサルというのは、もともと猪木さんがフジテレビとテレビ朝日との契約関係が自分の思うとおりにならなかったことから始まっているんです。当時、猪木さんはアントン・ハイセルというベンチャー企業のことで、膨大な借金を抱えていて、それで、猪木さんが頭のなかで考えたのはフジテレビとテレ朝と二局でプロレスを放送できないだろうかということだったんですね。そのアイディアがユニバーサル・プロレス（後のＵＷＦ）になった。でも、テレ朝との契約のなかに（新日本プロレスの試合は他局での放送は）絶対にできないという条項があるんで、名前を変えて、選手が勝手に飛び出してやったというふうにしたわけです。

それを柳澤はこんなふうに書いている。

●前田は、旗揚げ戦のメインイベントという大切な試合を、マンテルのような一流とは呼べない外人レスラーと戦うことを強いられた。混乱の元凶である新間寿はこの日、会場の大宮スケートセンターに姿を見せなかった。逃げたのである。「自分は新間の悪巧みに引っ掛かった。猪木に捨てられた」という強い被害者意識を前田が持つのは当然だろう。（『１９８４年の〜』１０９頁）

前田の回想によれば、「新間さん、大宮のときもいましたよ。逃げたなんて書いたらかわいそうですよ」という話である。これは「パワー・オブ・ドリーム」のなかで、前田自身が「猪木さんはやはり来なかった。そればかりか、猪木さんを呼べなかった責任を感じて、新間さんまでが会場に姿を見せていなかった。ＵＷＦの企画者が一人も現場にいない旗揚げ。スタッフもレスラーも、やりきれない思いでいっぱいだった」と書いた記述を根拠にして書いているのだろう。これも前田が別途ライターをたてて代筆してもらった仕事だったのだが、本のなかにこういう一文がある以上、あとから、この本を参考資料にして原稿書きをする人たちに、新間はその場にいなかったと書かれるのもやむをえないだろう。それでも、新間が敵前逃亡したかどうかは別の問題である。

□前田の発言

じつはあのとき、オレは母親の入院代が必要で困っていたんですよ。さっきもちょっと言いましたけど、母親は事故にあって骨折して入院して、大阪の病院で療養中だったんですよ。痛みがひどかったらしいんだけど、ずっとモルヒネを打ちつづけるわけにいかないじゃないですか。新間さんがその話を聞いて、金のことは心配するな、と言ってくれて。

母親は手術を二年のあいだに五回受けたと言っている。前田は新間が用立ててくれる病院代がどうしても必要だった。そのとき、新間が言ってきたＵＷＦへの移籍の条件というのが、もし新団体に参加してくれたら給料制にするというものだった。後段で詳述するが、大卒初任給が十二、三万の時代である。それが月給百万円だという。年収でいうと、当時のお金で単純に計算して最低でも千二百万円になる。

前田はＵＷＦからの給料の半分は大阪の病院に入院していた母親の入院費用に使った、と言っている。そのほかにあとで調べて分かったことだが、団体への移籍の契約金が何百万かあったはずなのだが、それは前田のところには届いていない。そのときにお金が出ていたとすれば、途中、前田のマネジャー役を受け持っていた田中正悟が横領してしまった、というのだ。当時の前田のフトコロ事情というか、新日本プロレスからもらっていた給料は以下の通りだ。

□前田の発言

当時、一試合一万円で、クーデター騒ぎがあって、一万五千円に値上がりしたんですよ。それだって、山本さん（＝山本小鉄）と坂口さん（＝坂口征二）が大喧嘩して、山本さんが「選手たちにもっとちゃんとしてあげなきゃダメだ」といってくれて。それまで一ヵ月にもらえる金額はしれたものだったんです。（新日本プロレスの給与体系というのは）けっきょく年功序列なんですよ、キャリアなんです。自分としては、母親の入院している費用とか、親父の面倒もちょっとは見てやりたいし、新間さんが中心になってやることだし、ということで断るわけにいかなかったんです。

冒頭に引用した猪木コール、長州コールに四面楚歌されて、「新団体のエースとしてオレは観客に負けた」と書く『パワー・オブ・〜』が執筆されるのは、昭和六十三年、ユニバーサル・プロレスの旗揚げから四年後のことである。

前田がユニバーサル・プロレスのＵＷＦについて、猪木にだまされたというふうに言い始めるのは、この年の十二月、猪木に対して挑戦を表明してからのことだが、本当に猪木との対決を考えはじめるのはユニバーサルが崩壊して、UWFとして新日プロに合流してからのことである。

これは実際の心情もそうだったのだろうが、「猪木と雌雄を決したい」という立場に立った方が前田個人としても、UWFという団体としても、戦いのきっかけが成立しやすい、という判断（つまりアングル）があった。

猪木との対立の構図自体も、なんとなくプロレスの仕掛けくさい。UWFを新日プロに対する敵対集団にして、抗争の悲劇性をうかびあがらせる作戦である。大宮スケートセンターでの旗揚げの時点では、前田は新間の悪巧みに引っ掛かったとも、猪木にだまされたとも思っていない。むしろ逆で、チャンスをもらえたというふうに考えている。

このことを、前田はもう一冊の著書、『格闘王への挑戦』のなかでは、こう書いている。

□前田の記録

マイナーならマイナーでいいじゃないか、自分の目指すプロレスをやろうじゃないか。他の団体では絶対に見られないようなプロレス、UWFのプロレスをやろうじゃないかとオレは思った。

（『格闘王への挑戦』24頁）

こちらの方がわりあいと健全で、実際の心境に近いようだ。

しかし、いずれにしてもこの時点では「UWFのプロレス」とはなにか、前田自身もそれをうまく説明できない。そのもどかしさはあるが、新しい団体のエースとなったことへの幸福な思いと期待と不安は格別である。

新聞に対する思いも、悪巧みに引っ掛かったというような単純素朴な心情ではない。前田はそれまでも、新聞にいろいろな形でだまされつづけてきている。前田は新聞について、「あの人はだましたあと、ちゃんと後先のつじつまを合わせてくれる」、「風呂敷を広げて大言壮語するけど、あとからちゃんと帳尻を合わせる人なんです」と言っている。

だから、前田は基本的には自分のことを新聞にだまされた犠牲者などとは考えていない。アントニオ猪木は新聞のことを「信頼しても信用できないヤツ」とわけの分からないことをいっているが、前田も同じで新聞に対していろいろと言いたいことはあるのだが、彼を有能で優秀なプロデューサーと認めていることに変わりはない。

□前田の発言

ＵＷＦに参加して、それまで新日で一試合一万五千円のギャラだったのが、毎月、百万円もらえるようになったんですよ。これはもう、夢のような話で、うれしくてしょうがなかった。だけど、（柳澤健が書いているような）契約金なんてもらっていない。

当時、新日プロは年間百八十日の興行を打っていた。毎月にならすと、ひと月に十五試合、一試合一万五千円ということはひと月に二十二万五千円、それに別途、シリーズ中の食事などのための支給金があったが、それでも全部合わせてもたいしたことがない。それが月給百万円である。

若くていくら強くても、たいした金額をもらえない。また、いくらホントは強くて実力があっても、人気がなく前座のままで、集団のなかの序列を上がっていけなければ、ギャラも上がらない。それがレスラーたちの現実だった。

月給が百万円になった

月給百万円ということにどういう意味があるか、昭和五十八年ころの物価を、朝日文庫の『戦後値段史年表』で調べてみると、大学新卒で就職する人の初任給が、銀行員で月給十二万円、小学校の先生は十万九千三百円、とある。これでいったら、二十五歳の前田の給料百万円はやっぱり「よーし、がんばるぞ」と思えるくらいに異例で破格の高報酬である。貨幣価値を換算すると、いまの銀行員の初任給を二十万円くらいとすれば、当時の百万円はいまの百八十万円くらいということになる。年齢二十五歳にして月給だけで年収が二千万円を超えるという話なのだ。

前田も子供ではなく、それまでも何度も新聞にだまされて来ていたから、新聞の言っていること全部を頭から信じていたわけではなかった。しかし、ほかに選択肢はなかった。佐山聡に関しては、同じような格闘技志向のプロレスに志を持っていて、新しい団体でいっしょにできるといいなと、この時点では、素朴にそう考えていた。

それよりもなによりも、移籍したことで、ケタの違う月給をもらえるようになった。決められた月給がもらえなければ別だが、そういうことはなかった。すべてが思い通りにいっていたわけではなかったが、絶望、というような話ではなかった。ただ、旗揚げの希望に胸をふくらませていた分、がっかりさせられたのである。これは被害者意識というようなものではなかった。柳澤はこの試合について、さらにこういう書き方もしている。

●旗揚げ戦のメインイベントに登場した前田日明は張り切っていた。（略）ところが、新団体の船出となる重要な一戦で、前田はスリリングな試合を披露することができなかった。試合はいつまで経っても盛り上がらず、退屈した観客たちの一部はやがて「フ、ジ、ワ、ラ！」と、ここにはいない藤原喜明コールを叫び始めた。その声はリング上の前田の耳に突き刺さった。

狼狽した前田はショルダースルーや腕ひしぎ十字固め、コブラツイストなどで必死に攻撃するものの、観客の集中力は完全に失われていた。「イ、ノ、キ（猪木）！」「チョ、オ、シュー（長州）！」「ド、ラ、ゴン（藤波）！」というコールは大きくなる一方だった。

（『１９８４年の〜』１１１頁）

編者だったらこういう立場に追い込まれた前田に同情するが、彼は逆である。このくらいでは同情しない。むしろ、前田の無能を告発する立場である。

●いかなる事情があろうとも、メインイベンターは観客の感情を自在に操って興奮の坩堝に叩き込まなくてはならない。再び会場に足を運んでもらうために。それだけの重責を背負うからこそ、誰よりも高いギャランティを受け取ることができるのだ。

（『１９８４年の〜』１１１頁）

これは話が逆で、まず、力のあるプロレスラーだから人気があり、人気があるからメインイベンターを務めることができるのだ。そのことと、［いかなる事情があろうとも、メインイベンターは観客の感情を自在に操って興奮の坩堝に叩きこまなくてはならない］という話はチャンネルが別のことである。高いギャラをもらっているのだから、観客の感情を自在に操らなければならないというのは話が変だ。ここでは［十分条件］が［必要条件］としてすり替えられるという叙述のトリックが使われている。たぶん、彼が、前田をこのとき、この立場に立っているのにふさわしくないレスラーだと思っているからこういうふうに書くのだろう。それは、逆にいうと、ＵＷＦは自分が一冊の本にするほどに輝かしい出来事だが、前田のこの戦いがＵＷＦの出発点としてふさわしくない、と考えているということだろう。ふさわしくないみっともない試合と考えていたのは前田も同じだったたし、わたし（編者）もそう感じた。

しかし、この試合がユニバーサル・プロレス（ＵＷＦ）という新型闘争の集団の嚆矢であることに違いはないのだ。ここにはまだ、佐山もいないし、藤原もいない。

であれば、彼がなぜそういう立場に追い込まれながら闘おうとしたか、そういう立場でどういうことを考えていたかを聞いてあげるべきだし、聞いてあげなくてもいいし、取材しに行かなくてもいいから、せめて、試合の模様をダッチ・マンテルの回想文だけで終わらせるのはやめてほしかった。

こういう書き方がこの本のなかの至る処に散在している。また、そういう前田に対する偏狭な対応とは別に、後段で詳述するが、プロレスをよく知らないことでの決定的な記述ミスが同様にあちこちに見受けられる。

現実問題として、ＵＷＦの歴史はこの前田のどうにもならないような戦いから始まっている。しかし、柳澤の認識からは、前田がＵの源流にいたのでは話の都合が調整できなくなってしまうのだろう。同書は、この旗揚げ戦の章の前にクーデター、クーデターの前にタイガーマスクの話を持ってきて、ＵＷＦという団体の歴史を説明するには歪（いびつ）としか思えない構成をして原稿書きを始めているのである。

クーデターはＵＷＦの誕生・始動に直截的に関係しているが、タイガーマスクはその話のなかの登場人物のひとりに過ぎない。それも厳密にいうと、タイガーマスクではなく佐山聡で、こういう順序立てでＵＷＦを説明すること自体に無理があるのだ。ＵＷＦにとって、佐山は途中からの参加者で、同時に、途中での退場者である。このことは後段で詳説する。

試合途中の猪木コールや藤波コールが澎湃として湧きあがったことについて。

□前田の発言

このときの猪木コール、長州コールというのはオレの試合に退屈して、ということではないんですよ。あのとき、ＵＷＦという団体を、新日本プロレスを裏切ったレスラーたちというギミックで宣伝していた。それで、オレはそこでの最大の裏切り者、ということになっていたんですよ。それで、その前田を猪木さんが成敗する、という話を作っていた。ところが猪木さんは現れなかった。ＵＷＦというのはじつは、最初は新聞さんと猪木さんが相談してはじめたことだったんです。オレはそ

のことの正確な事実関係までは分からないんだけれど、途中から猪木さんが新聞さんをなにかの理由で裏切ったんだと思います。

柳澤は、この試合のつづきの展開をこういうふうに書いている。

●試合終盤には、あろうことかダッチ・マンテルの反撃に期待する声まで出るようになった。前田は絶望した。自分には、アントニオ猪木やタイガーマスクのように観客を興奮させる能力がないのだ。これ以上の罵声を浴びたくなかった前田は、マンテルをロープに振り、戻ってきたところをフライング・ニールキック。自分の踝をマンテルの顔面に思い切り叩きつけた。マンテルは数秒間失神し、ほとんど意識のないままジャーマン・スープレックスでフォールされた。（略）
前田は記者たちに向かって反省の弁を述べた。「俺は未熟だ。プロとして魅せる試合ができない。（略）一度やめたつもりで出直す」　25歳の若者の率直な言葉は、聞く者の胸を打った。前田は甘いマスクと立派な体格の持ち主だが、アントニオ猪木のような天性のショーマンシップも、佐山聡のような天才的な運動神経も持ちあわせてはいなかった。（『1984年の～』112頁）

これは漫画の書き割りのような人間描写である。まず、前田の絶望は本人に言わせれば、確かにあのときのオレの気分を絶望と書かれてもしょうがないかも知れないが、それはマンテルがちっとも自分と丁々発止でやりあうプロレスをやってくれなかったからだ、と言う。

マンテルはアメリカからやってきたばかりで疲労困憊していたというのだが、観客はその疲労困憊してちゃんとした試合をやらないマンテルに反撃に期待する声を上げていたのだし、前田も彼自身の回想にあるように、「試合がダレてきたからなんとかしなければ」と思っていたのだった。

柳澤はそういうその［絶望］が持っている細かいニュアンスを全部捨象してしまい、前田にはアントニオ猪木やタイガーマスクのように観客を興奮させる能力がないのだ、と書く。そして、だから彼は絶望したのだという話に作りかえている。故意の誤読と資料の読み込み不足による誤解のオンパレードのような文章である。前田自身もこのとき、自分の力不足をみんなの前で白状している。それを利用して、論理の詐術を使われたら、前田が怒るのは当たり前である。

4月12日
オープニング・シリーズ第2戦、埼玉・熊谷市民体育館。観客動員25000人（満員）。14日、第3戦山口・下関市体育館　観客動員3100人（満員）。16日、第4戦岐阜・萩原町あさぎり体育館　観客動員1600人。
4月17日
オープニング・シリーズ最終戦東京・蔵前国技館　観客動員9100人。

●前田日明、ラッシャー木村、剛竜馬、グラン浜田、マッハ隼人、そして新聞の頼みに応えてアントニオ猪木が1シリーズ限定で送り出した高田伸彦。ひとことで言えば、この6人は観客を呼ぶ力を持っていなかったことになる。

オープニング・シリーズ全5戦の最終戦は4月17日の東京・蔵前国技館。メインイベントは、前田日明対藤原喜明の日本人対決だった。アントニオ猪木の付き人を長年つとめた藤原は、猪木に命じられて1試合限定で蔵前国技館にやってきたのだ。

藤原は約5年間、毎日のように前田と寝技のスパーリングを続けてきた。かなりの体格差があるにもかかわらず、藤原が前田に後れをとったことは一度もない。ふたりの実力差はそれほどまでに大きかった。

（『1984年の～』113頁）

前田と藤原を含め、UWFに集まったレスラーは誰一人、客を呼ぶ力を持っていなかった、と書いている。ということは、新間の詐術的な販売促進だけで、猪木、長州見たさに客が集まったというのだろうか。わたしだったら、「誰ひとり客を呼ぶ力を持っていなかった」というような乱暴な文章は書かない。確かに国際プロからの合流組だった木村や剛は、当時の新日本プロレスでは役割を終えた感があったが、前田はバリバリのメーンエベンターで、猪木や長州、藤波とまじってマッチメイクされているのだ。また、客を呼ぶ力というのは、マーケティングの専門用語では、「集客能力」だが、これはあるないというような雑な言い方はしない。人気のある人は「集客能力が高い」のであり、ない人が「集客能力が低い」のである。

もうひとつ、問題がある。「藤原は約5年間、毎日のように前田と寝技のスパーリングを続けてきた」と書いているのだが、この文章の根拠になっているのは、このインタビューである。

■『週刊プロレス』１９８４年５月８日号　47頁

藤原　あいつは、５年間、そうして俺とレスリングした。佐山が一年半だから、長かったな。

柳澤はこれを、直近の五年間、「毎日のように前田と寝技のスパーリングを続けてきた」と、書いているのだが、藤原が言っているのは、前田が入門した一九七七年から、イギリス留学を決める一九八二年まで、という意味である。

□　前田選手とシングルでぶつかったのは何年ぶりですか。

藤原　２年半かな。

□　どうでした。

藤原　あいつ、俺におくれをとるまいと、あせっていたな。（略）あいつ、昔から比べると、ワザが雑になったな。

□　理由は何ですか？

藤原　変な外人とばかり、やっているからだろ。

□　弟子にきついですね。

藤原　事実だからしかたがないな。あいつは、きついことといわないとダメなんだ。

藤原は言外に、前田と組み合ったのは久しぶりだということをいっている。前田はイギリスから戻ったあと、完全にメーンエベンター扱いになって、藤原とは一度も対戦していなかった。

「藤原が前田に後れをとったことは一度もない」という書き方も危険である。「後れをとる」とはどういうことなのか。試合の結果について言っているのか、それとも、五年間の練習中も一度も前田に技を決められたことがなかったというのか。どっちの意味だろう。藤原に直接の取材はしていないようだが、誰かそういうことを証言しているのだろうか。

前田がイギリスから戻ってからもずっと藤原といっしょに練習しているのであれば、ここは「7年」と書かなければいけない。藤原が「5年」といっているのは、前田が入門してからイギリス留学するまでの五年間のことだ。この時点での藤原と前田に寝技の実力差があったことはまちがいないだろうが、それがそのまま、レスラーとしての実力差かといえば、それはまた、別の問題だろう。それでは、レスラーの実力って何なのだろう。柳澤はそれを「観客を呼ぶ力＝集客能力」だと書いたばかりではないか。そういうことがあって、追い打ちをかけるように、「藤原が新日本プロレスのリング上で脚光を浴びることは決してなかった。単純にルックスの問題である」と書く。

調べればわかるはずだが、藤原は単純にルックスは悪いが、新日のプロレス・マニアのあいだでは、〝テロリスト〟として旬の、このとき話題の選手のひとりだったのである。それをルックスが悪くて人気がなかったなどと書いたら、ダメだろう。

この日の藤原と前田の試合はこういう内容だった。

■『週刊プロレス』1984年5月8日号44頁

藤原は、カール・ゴッチにそっくりだった。両手を腰にあてた仕草は、ゴッチそのままである。薄笑いをうかべた藤原は、余裕をもって前田をみすえていた。ゴングが鳴った。およそ8分、腕、足、首の関節技の攻防が、繰り広げられた。その時、藤原夫人の弘子さんが「あッ」といって叫んだ。試合ではほとんど見せたことのない恐怖のワザ、〝グロック・ヘッドシザース〟を出したのだ。仰向けになった相手の顔を、両太股ではさみ、左右にひねってねじるワザである。弘子夫人はタンパのゴッチ道場で、半年間、そのワザの恐ろしさを、何度も見ていたからである。面白いように藤原は、前田の関節を決めていた。試合後、前田は「4回、決められそうになった」と証言しているが、技術の差は歴然としていた。前田は何をしても通用しなかった。藤原は逆十字腕固めを、がっちり決めたが、前田のそれは不完全だった。この時、前田は何を思っただろうか?

その時、藤原が平手打ちを放った。この瞬間までが、要するにゴッチになって、前田とスパーリングしそのウデを試していた藤原の個人的な時間だった。前田が平手打ちで応戦し、その後ジャンピング・ニーパット、ラウンディング・ニールキックを出した時、おのずとこの試合のトーンは完全に変化していた。そして、あれだけ、一発で決まらない今のプロレスを非難した前田が、こともあろうにブレーンバスターを出した。前田にとってこの試合はやりきれない思いを残した試合だったろう。

最後は場外乱闘と流血まである試合だった。文末に（山本）と署名があるから、この文章もターザン山本が書いたのだろう。試合後の前田の感想だが、藤原の記事のはじっこに写真のキャプションで、「前田は試合後、「藤原さんは凄いレスラーだ！」と何度も強調していた」と書かれている。

彼はまだこのとき、自分が探している新しい形のプロレスをうまく説明できないでいる。それができるようになるためには、藤原や佐山がこの団体に合流したあと、それぞれの考え方をぶつけ合わなければならなかった。

□前田の発言
今から考えたらお笑い草なんだけど、あの時点でできる精一杯のことってあれだけしかなかったからね。あの時点で、自分たちを取り囲むファンだとか、状況だとか、藤原さんと俺ってこともあるし、そういうことを考えてやると、あれで精一杯だったなって思うね。

精いっぱいの戦いだった

過去のことを後から見て偉そうなこと言う人間がいろいろいるけれどね、それは、もう答えが出ている今現在という時点から見て過去を批判しているわけで、カンニング・ペーパー見ながら解答書いてるみたいなもんでね。「お前昔はこんなこと言ってるじゃないか。何バカみたいなこと言ってるんだ?」なんて言うヤツがいるんだけど、それは卑怯者だよ。

当時の、未来が全然見えない、先が全然見えないという状況で、「これからどうなるんだろう」

という混乱もあって、事務所サイドからは「もっとウケる試合をやってくれ」「面白い試合をやってくれ」っていう要請もあったけど、それを無視して、2人きりで敢えてこだわってやったんだ。（略）明日になったら引退かも知れない。これで最後かも知れない。そういう土壇場の中で「じゃあ自分の気持ちの中に残せるようなものを、最後にやろう」っていう気持ちでやったんだよ。あの試合、それを全然わかってないヤツらがいるんだよ。

いろんなことを書く人がいるけど、あの時の選手の状況とか、展望がまるでないこととか、選手にかかってたとてつもないストレスとか、誰もわかってないよ。わかんないっていうより、そこまで考えるのが面倒くさいから考えようとしないんだ。それで単純にリングの上を見て「何だ、ありゃあ？」なんて批判して、それで終わりだよね、ほとんどの人が。

そんなのは自分の見てるものとか、関わっているものに対して態度が不真面目すぎるよね。誠実じゃない、正直言って。でも、俺らは、少なくとも俺は、自分がやってきたことに対して「誠実にやってきた」っていう自負はあるよ。不器用な面はいっぱいあったと思うけどね。ギリギリのところでなんとかやってきた。

（『UWF世紀末読本』10頁）

『1984年の～』のなかで、上井文彦はこういうふうにいっている。

●旗揚げ戦を大宮でやって、第3戦の下関、第4戦の岐阜も俺がひとりでやった。下関出身の小林ってヤツに手伝ってもらったけど、宣伝カーを回して、夜にポスターを貼って、会場の準備をして、チケットを頼んだ。

（『1984年の〜』118頁）

□前田の発言。

このセリフだけのことじゃないんだけど、このときのUWFの社長をやった浦田さんも亡くなられているし、社長室長だった伊佐早さんも亡くなられているでしょ。一番の下っ端だった営業の神や鈴木も表舞台に出てこないし、要するに、生き残ったヤツの言いたい放題なんですよ。二十年前だったら、みんな、あのときのことを克明に覚えていたから、あんなことといえないはずですよ。いまごろになって、アレは俺がやったんだとか、オレひとりでやったんだとか言い出してるヤツがいる。

自分も気をつけなきゃいけないと思っているんだけど、何十年ていう時間が経過すると、記憶も印象だけが強く残るような状態になるンですよ。それで、話がだんだん感情的になって言っちゃう。いま、色んなヤツがじじいになってきたものだから、印象ばかり話をするようになってきていて、UWFについて、急にいろんなことを言い出しているんだけれど、オレから言わせると、お前、なに言ってるんだよ、みたいな話ばかりなんですよ。

このあとの柳澤の書くUWFの流れは、（上井の証言によれば）、こういうことになる。

●カネもない人もいない、テレビもつかない中、ユニバーサルという列車が走り出すことになり、俺たちは死にもの狂いでレールを敷いた。でも、新間さんは「もう工事はしなくていい。ユニバーサルは旗揚げシリーズが終わったら興行会社になる」と言うんです。(『１９８４年の～』１１９頁)

これはもしかしたら、上井や伊佐早が新間よりずっと純情というか、純粋ということだったのかもしれない。上井はこのことについて「自分たちは何をいまさらと聞く耳を持たなかった」というのだが、聞く耳をもたなかった理由というのはなになのだろうか。

前田は蔵前での最終戦のあとのシリーズの打ち上げパーティであったことをこう回想している。

□前田の発言

あの日、打ち上げのパーティがあって、新間さんがみんなの前で土下座して、言っていたことと実際が違ってしまって、猪木さんが来なかったこととかを申し訳ないと謝ったんですよ。それで、浦田さんも伊佐早さんも、上井まで男泣きしながら、新間さんを男にするんだとみんなで誓い合ったんです。この話をこの流れで書いたら、時系列でつながっている出来事を端折りすぎなんですよ。

上井の証言だと、新間寿はＵＷＦの裏切り者、ということになる。団体の創設者が団体にとっての裏切り者になるという話も筋書きの具合がなんか変なのだが、この間のことを新間は自著のなかで「これで猪木に裏切られたのは四度目だ」と書いている。

■新間寿の記録　長州の引き抜きは失敗し、頼みの猪木も姿を現さず、フジテレビの放映はお流れに……。おまけに、猪木に支払った2500万円の移籍金は未回収のままだった。私はその責任をいずれとらなければならないと腹をくっていた。

その前に、UWFの経営が軌道に乗るよう、レールを敷いておくことが最高責任者としての責任でもある。私は新日本の坂口征二とテレビ朝日から出向している役員と交渉した。そして、UWFを新日本プロレスの内部に組み入れることを決めた。（略）

UWFグループとしてときどきテレビ放映も行う。新日本のシリーズ終了後は5試合ほどUWF主催のシリーズを打つ。UWFの選手には年間8シリーズ新日本のリングへ上がることによって、月2000万、テレビの放映権料も含め年間2億4000万円の報酬を払う……などを盛り込んだ契約書にサインした。

（『アントニオ猪木の伏魔殿』119頁）

新間はUWFに集まった人たち、背広組、レスラーたちを含めて、自分の趣旨に賛同してくれて、信じてくれて、きっと今度も自分の指示に従ってくれるだろうと考えていた。ところが現場の人たちは言うことを聞かなかった。そもそも団体全体が、前田を先頭にして新日本を裏切って独立したというギミックで成立している。

このことは柳澤の手にかかると、こういう書き方になる。

●UWFに未来はない。UWF最高顧問の新間寿は、1984年4月11日の旗揚げ以前から、自らが設立した団体に見切りをつけていた。アントニオ猪木も長州力も、そしてタイガーマスクも獲得できなかった。手に入れたのは前田日明だけだが、前田がエースでは興行を回していけるはずもない。（略）新間からすれば、できればＵＷＦの旗揚げシリーズを中止したかった。カネをドブに捨てるようなものだからだ。
（『１９８４年の～』１１５頁）

これも、ここまで断言していいのかというところまで踏み込んで、断定的に書いている。

旗揚げの前からＵＷＦを見放していたというのだ。柳澤は「撤退を決意した」と書いているが、新間が書いたもののなかにも、何度か受けているインタビューのなかにもそういう発言はない。現実に旗揚げ戦もやらないで、新日本プロレスがＵＷＦを新しい機能を持つ集団と認めるわけがない。当時の報道記事を読むと分かるのだが、この一連の流れのなかでは、新間が猪木の助けに一縷の望みを託して、大博打を打っていたのだということが了解できる。

この旗揚げ戦シリーズで約３０００万円の赤字が出たのではないかという推測記事があるのだが、現状がそういう状態であることを確認したとき、新間はＵＷＦを新日本プロレスの提携団体にすることを発想したのである。たしかに猪木はＵＷＦの旗揚げ戦の試合会場には姿を現さず、新間は猪木に裏切られたかたちになるのだが、たぶん、［中止したかった］と書くのはことが終わったあとで考えた結果論である。

この旗揚げ戦がなければ、新日本プロレスはＵＷＦを実際の戦闘能力を持った集団として認めなかっただろう。猪木に渡したお金は猪木本人を動かすことは出来なかったが、17日の蔵前国技館に

「新日本を裏切った前田を成敗する」といって姿を現した藤原喜明の挙動不審といい、そのあとの、藤原、高田伸彦のＵＷＦへの移籍といい、新日プロの表向きの意向とは裏腹な猪木の〝暗黒政治力〟が働いていたのではないかと思う。藤原にしても、高田にしても猪木の親衛隊そのものなのだから、初動のきっかけは猪木の助言があっての行動、……実は前田も同じだった……というのがこの一連の話の裏事情である。

実際に賭けて見せなければ、博打は成立しない。出来事の半分は闇のなかに隠れていて、少なくとも第三者に過ぎない人間がこうだと断定できるような話ではない。新聞の原稿と柳澤の原稿が決定的に違うのは、新間はこのことの当事者だが、柳澤はそうではないということだ。

彼も誰かの証言とか資料をもとに書いているはずだが、出典の明記がない。出所が分からない以上、勝手な憶測を事実のような顔をして書いている、逆に言うと、虚偽を事実として捏造していると言われても仕方ないだろう。この話は結局こういうことになっていく。

5月21日
ＵＷＦ記者会見　予定していた次期シリーズの延期を発表。同時に最高顧問だった新間寿氏のプロレス界引退記者会見。

新間はここでプロレス界からの引退を表明。

■新間の発言 ―― 猪木さんに渡した2500万円はUWFの契約金として渡したんですよね。
新間　いや、あれはハイセルの金なんだよ。ハイセルは弟の猪木啓介夫妻が経理やっていて「2500万円、俺の方で出すけれども、これはユニバーサルに来てもらうための費用の一部でもあるんだよ」と言って渡してるわけ。契約書なんか別に書いてないわけよ、俺と猪木の間だから。
―― そうか、契約書はなかったわけですね。
新間　そうですよ。大体、契約書を書いて「私は新日本プロレスを辞めてUWFに行きます」なんて、猪木が書くわけないからね。それは、新間・猪木の信頼関係でもって「新間がやるんなら、俺はどういう協力をしたらいいか。じゃあ新間、UWFつくるなら協力するよ」ということですよ。（略）
タイガーがUWFに入る前に浦田に言っておいたんだ。「浦田、フジテレビから言ってきたのは、長州とタイガーマスクだ。タイガーの方から、誰かを通じて、必ず入れてくれという話があると思うよ。しかし、その時は、タイガーがショウジ・コンチャという人間と切れているかどうかだけは必ず確認しろ。もし、切れていなかったら、絶対にUWFに入れるなよ」と言ったんだよ。そうしたら、浦田は「分かりました。そうします」と言ったんだよ。そうしたら、1カ月くらいたってからかなぁ。浦田から電話があって「先輩、佐山と話しましたけど、佐山は先輩を嫌いなだけですよ。さんざんぱら利用されたからということで。それで、私の言うことは聞いてくれて、一緒にやることになりましたよ」って言ってきた。「ああそうかい、それじゃあ俺はもう、なんにも言わないよ」と。
―― じゃあ、佐山さんの入団の時は、新間さんは全然からんでないんですね。
新間　からんでない、からんでない。ショウジ・コンチャなんていうね、あんなヤクザを入れたら大変なことになると思ったから。新日時代、タイガーマスクが、海外での結婚式にショウジ・コンチャを連れて行くって言うから、俺は止めたわけ。「ダメだ、絶対、あの男は、もし万一、結婚式の写真にあいつが写っていたら、将来何かの時にその写真が流出したら、タイガー、お前が大変な迷惑をこうむるんだよ」と。猪木も出る、ちょうどアメリカに行っていた馬場さんも出席するっていう席に、そんなヤクザ者が顔を出しているなんて、人生の出発点に一大汚点を残すことになるぞと言ったんだよ」

——でも、タイガーはそれが気に入らなかった？

新間　そうそう。で、新日本プロレスでも、私に対して茶々を入れる人間がいて、（略）タイガーは、私と仕事をしたくなかった。だから、新間さんを辞めさせるなら入るという条件を出してきた。それで私が邪魔になったんだよ。（略）（それで俺は）引退会見ね。今後いっさい、プロレス業界には関わらない」とやったんだ。

（『別冊宝島ＵＷＦ伝説』44頁、48頁）

ショウジ・コンチャについてはいろいろな人の資料のなかにチラチラと素顔の情報が書き添えられているのだが、一番衝撃的なものは浦田昇のこの証言である。

■浦田昇の証言　「ショウジ・コンチャという人物は、前科7犯か8犯でね。その他にも、S会の親分の毛皮のコートを数千万円で横流ししたとかいろいろ噂はありましたね。はっきり言って胡散臭さ極まりない人物でしたね。でも、タイガー（佐山）も、素直な人物でね……。すぐ、「ハイ」

「ハイ」と聞いてしまうんだ」

けっきょく、この問題がこのあと浦田の命取りになるのである。

（『別冊宝島ＵＷＦ伝説』56頁）

第二章

始動と蠢動

1984年5月29日〜
1985年2月18日

UWFでプロレスが
やれなくなったら、
俺はプロレスを辞めますよ。
自分の心の節を曲げてまで
プロレスを続けたくはない。

1984.11.1
新日本フロントとの密談発覚後

ＵＷＦというプロレス団体の歴史を前田日明中心のものから、まったく違うものに変造しようとして、柳澤がまず最初に考えたのは、ＵＷＦは一九八四年から九十一年の冒頭まで、約七年間つづいたのだが、そのうちの最初の部分の約一年、具体的にいうと、無限大記念日からユニバーサル解体までが最重要であるという考え方だった。

これはＵＷＦはルールがすべてという極端な考え方から始まっている。ルールは佐山聡の発案である。柳澤は同書刊行後のトークショーなどでも自分から「前田が佐山の功績を横奪した、その間違いを正すために『１９８４年～』を書いたんです」という発言をしている。だから、最初に〝前田降ろし〟の結論ありきで、その趣旨に好都合なデータを組み合わせて原稿を書いたのだろう。

この章の冒頭では、まずＩ氏に『１９８４年の～』のなかの年表に該当する時期について問題点を指摘してもらおう。佐山聡がＵＷＦの一員として行動した重要な時期である。

●選手たちの入場テーマ曲やコスチュームについてアドバイスしたのは、『週刊プロレス』の人気連載「ほとんどジョーク」の選者をつとめるイラストレーターの更級四郎だった。

荘厳かつスリリングな『ワルキューレの騎行』（リヒャルト・ワーグナー作曲）を藤原喜明の入場テーマ曲に選んだのは、東京藝術大学出身のアーティストだったのである。なんとわかりやすい話だろう。

（『１９８４年の～』１６４頁）

○I氏の指摘「ワルキューレ」は新日時代に前田の入場曲として使われたのが先なので、転用とも言えよう。フランシス・コッポラの映画『地獄の黙示録』に使われていたので、子供のわたしでも耳になじみがあった。ちなみに「スパルタンX」は、三沢光晴よりも先に上田馬之助の入場曲として使われている。

●9月2日の夜、（宿泊先の）戸倉温泉の旅館で小さな事件が起こった。巡業に同行していた更級四郎の部屋に、突然カール・ゴッチが現れたのだ。「相変わらず絵を描いているの?」

更級はゴッチの似顔絵を週プロに描いたことがあり、ゴッチはそれを覚えていたのだ。

ゴッチは何かを言いたそうだったが、通訳が不在でうまく伝わらない。ゴッチが去ってしばらくすると、高田伸彦が「更級さん、ゴッチさんが一緒に風呂に入ろうと言っています」と呼びにきた。

『週刊プロレス』のカメラマンが前田と高田が師匠ゴッチの背中を流している写真を撮り終えると、前田と高田とカメラマンは風呂を出た。残ったのはゴッチと更級、そして通訳の3人だけだった。

ゴッチは更級の目をまっすぐに見て、深刻な顔で言った。「このままでは、UWFがつぶれるのは時間の問題だ。サヤマをエースにしないといけない」

（『1984年の～』165頁）

■『週刊プロレス』1984年9月25日号33頁

※意外　無類の話し好き神様ゴッチ　逃げ回るUWFの弟子たち

ジョークを連発するユーモアたっぷりの性格で、なにしろ一度ゴッチにつかまると3時間ははなさない。そのため佐山、前田、藤原らは、なるべくゴッチから理由をつけては逃げようとする。巡業中、ゴッチは外人と行動を共にするので日本人側は会場でしか顔をあわせない。

ところが、9月3日、この日は外人が長野県上田市、日本人が戸倉町でそれぞれ試合がなくオフ。のんびりしていた矢先の午前10時半、ゴッチが戸倉町の若の湯旅館にやってきた。この若の湯旅館は温泉があり、温泉好きのゴッチがわざわざ上田から足をのばしてきたのだ。驚いたのはゴッチの弟子たち。

さっそく前田と高田のふたりが玄関に出迎え、温泉に案内、ゴッチの背中を二人がかりで流し始めていった。来日前、足の先を手術したゴッチにとってここの温泉はよほどきくのか、気持ちよさそうに湯につかっていた。

■『週刊ファイト』１９８４年9月18日号10頁　スポット

○…九月三日、ＵＷＦはオフで選手はのんびりしたものだが外人ホテルに投宿していたゴッチが日本人宿舎の温泉へつかりに来た。風呂を済ませロビーでくつろぐゴッチの姿を見て、昼ごろ目ざめた前田と高田はあわてて「グッド・モーニング・ゴッチさん」と挨拶。ところがゴッチは時計を見て「ノー、グッド・アフタヌーン」。「昨日午前四時ごろまで高田とプロレスについて話してたんですよ。ホント」と前田は必死に弁解をしたが、受け入れられない。結局、風呂へ入ってゴッチの背中を流すことで、ごきげんを取り結ぶことになったという次第。

○I氏の指摘　9月2日の夜、ゴッチが上田に投宿していれば戸倉温泉の更級の部屋を訪れることはあり得ないし、前田と高田がゴッチの背中を流したのは2日の夜ではなく3日の昼。ゴッチがわざわざもう一度風呂に入ったのは、あくまでも前田らとの絵作りのためではないか。更級と話をするため、というのは無理がないか。『週刊プロレス』（10月9日号）には前田、高田がゴッチと共に湯船につかる写真も掲載されており、2人がゴッチの背中を流しただけで風呂場を出たということもない。そもそも、風呂場の撮影には週プロだけでなくファイトもいた。

柳澤の記述を真に受けるわけにはいかない。少なくとも相当の脚色、ないし創作が加えられているのではないか。語り手のはずの更級自身も、柳澤の記述を一部否定している。

■更級四郎の証言　長野県の戸倉町総合体育館（84年9月2日）での試合後、旅館の風呂場で更級がゴッチに「サヤマをエースにしないといけない」と言われたという話は語り草となっている。

更級　あれも、違うんだよ。独り言みたいにゴッチさんが僕に言うんですよ。「サヤマしか客を呼べないんだよねえ」って。

だいたい、なんで「一緒に風呂に入ろう」って言ってくるのかわからないでしょ。そんなところで聞いてりゃ、いくら僕がバカだとしてもわかるじゃない。「フロントに『サヤマをエースにしろ』と言ってくれないか」ということなんだろうと。

（『証言ＵＷＦ　最後の真実』98頁）

前田日明は「当時、ゴッチさんに通訳をつけたことなんか一回もなかったんだよ」と語り、このエピソードに疑問を呈している（「KAMINOGE」VOL・67　2017年7月6日号28頁）。

□前田の発言

まったくあきれちゃうよね。だいたいゴッチさんの通訳というのは、オレがそばにいるときはオレがやっていたんですよ。だいたい、どのレスラーをどうするべきだなんてことをゴッチさんは絶対に言わなかったし、佐山さんに対してだって、キックばかりやるなと批判的だったんだから。そういうことについてはどこかがゴッチさんにインタビューしてますよ。

●『週プロ』以外の記者は、みんなUWFをバカにしていましたね。（略）記者たちはうんうんと彼らの話を聞くけれど、道場を一歩出た途端に『前田は何を言ってるんだ。10年早いよ』（略）記者たちが話を聞きに行くのは猪木さん。ちょっと前なら新間（寿）さん。彼らの言ったことをそのまま書く。情けない話ですけど、記事を書けば車代が出ますからね。佐山や前田の話を書いたって一銭にもならない。（略）

山本隆司さんや、編集長の杉山頴男さんには当然誘惑がくる。でも、当時の『週プロ』は一切拒否していた。団体から接待を受けたら書けなくなっちゃうから。山本さんは貧乏なのに、誘いを断って編集部にまっすぐ帰り、徹夜で原稿を書いた。山本さんが本当に頑張っていたことは、もっと広く理解されるべきだと思います」（更級四郎）

（『1984年の～』178頁）

■ターザン山本の記録　新日本プロレスの記者会見に出入りするようになり、驚いたことがあった。それは記者やカメラマンに、茶封筒に入った５０００円札が配られていたことだ。（略）記者会見に出席するだけで５０００円というのは、ちょっと他のスポーツでは考えられない話。しかし、私はそれを固辞しようという気はサラサラなかった。

もし、ここで自分だけ拒否すれば、他社の記者が困るし、何より空気を読まないヤツだとみなされて取材に支障をきたす。ただ『ゴング』を発行する日本スポーツ出版社の竹内宏介さんだけはカネを受け取らなかったと聞いた。新日本が記者会見で現金を配っていたのはもちろん、マスコミ対策費である。

（『「金権編集長」ザンゲ録』34頁）

○Ｉ氏の指摘　第2次ＵＷＦでも、１９８９年11月29日の東京ドーム大会「Ｕ─ＣＯＳＭＯＳ」の際に、神社長から協力の謝礼として10万円を受け取ったことが書かれている。

ＳＷＳに関連してはもっとひどい。波々伯部哲也『「週刊ファイト」とＵＷＦ』２０７頁にも、ＳＷＳのハワイ合宿で週刊プロレスの記者だけが10万円の「弁当代」を受け取った話が書いてある。

つづいて、マスク問題について。

●１９８１年にデビューしたタイガーマスクは日本のマスクマンの元祖だ。

ミル・マスカラスやドス・カラスに代表されるメキシコのマスクマンは存在したものの、日本で芸術的なマスクをつけたのはタイガーマスクが初めて。

（『１９８４年の～』２１７頁）

○Ｉ氏の調査　元祖は国際プロレスの覆面太郎（１９６７年。後のストロング小林）である。そのマスクは芸術的ではなかった、と言いたいのかもしれないが、では旧ＵＷＦの同僚でマスクマンの先輩、マッハ隼人は？　そのマスクはメキシコのトップと同じものであったのだが。

『G SPIRITS』（辰巳出版、２０１３年５月５日号１０８頁）は、「マッハ隼人が愛した『赤ラメのチカナ・タイプ』」と題してそのマスクを写真で紹介。メキシコのマルティネス製で、親友のサングレ・チカナからもらったものだという。「国際のデビュー戦を始め、初の後楽園ホールでのＴＶマッチなど重要な時にそれを被った」とある。マッハは１９７５年にメキシコに渡ってプロレスラーになり、１９７９年に国際プロレスに凱旋帰国している。

更級四郎の様子がおかしいのである。

前田は「更級さん、どうしちゃったんですかね。大丈夫ですかね」と心配している。

■更級四郎の述懐　更級（略）そうやってリアルに見せることに苦労してるとき、前田さんが僕のところに来てね「先生、俺、２部に落ちてもいいですよ」って言ってきたんです。

――えっ!?　確かに一度、前田日明がＢリーグに落ちたことがありましたね。あれは自分から申し出たんですか！

更級　大変なことだよ。普通にしてたらエースなのに、自分から2部に落ちるっていうんだから。前田さんはわかってたんだよね。エースである自分でも、少し気を抜けばリーグに落ちてしまうっていうところを見せれば、ＵＷＦの厳しさやリアリティがアピールできるって。

――自分が犠牲になって、ＵＷＦを確立させようとしたってことですよね。凄いなあ。

更級　それだけＵＷＦのために必死だったんだよ。だから、そのあと高田さんが初めて山ちゃん（山崎一夫）に負けたんだけど、これは高田さんも前田さんの姿を見て、リアリティのためにはやらなきゃダメだ、と思ったんだろうね。僕はこれでうまくいくと思った。ところがね、今度は佐山さんが高田さんに負けたんだけど、その前の藤原さんとの試合で肩を脱臼して、肩のケガが原因で高田さんに負けたっていうストーリーにしちゃった。それはダメだろうって思ったよね。だって前田さんが2部に落ちてやってるのに、自分はケガっていう、エクスキューズをつけるって、それはないでしょう。

――佐山さんの脱臼って、藤原さんがアームロックで脱臼させて「友だちの腕を折ってしまった……」って涙するやつですよね？　あれは脱臼してなかったんですか？

更級　してないと思いますよ。

――そうでしたか（笑）。

更級　あれはないと思ったな。もちろん佐山さんには言わないけどね。リング内はレスラーの自由だから。でも、あれを見て前田さんも高田さんもガッカリしたと思う。前田さんは何敗もして2部に落っこちて「練習不足だから負けた。また一からやり直す」ってマスコミにもコメントしてるのに、ケガかよって。そのケガも、藤原さんの関節技でケガしちゃったってことになってる。だから佐山さんの考えとしては、藤原さんの顔も立つし、自分の顔も潰れないって思ったんじゃない？でも、それじゃまるっきり従来のプロレスと同じだから。

（『Kamipro紙のプロレス』２００９年1月3日号54頁）

このあと説明するが、更級は前田がBリーグに落ちてもいないのに、落ちた際のコメントを捏造している。彼の言っていることがいかにいい加減かわかる。

●控室の藤原は「折ってやろう、とは思ってなかった。友達を傷つけるなんて」と涙にむせんだ。しかし、実際には佐山の左肩は脱臼などしていなかった。「藤原さんも、やっぱり目立ちたいんです。だからこそ、『友達の肩を折ってしまった』なんて言う（笑）」

このように証言するのは、当時ＵＷＦのブレーンだったイラストレーターの更級四郎である。（略）数日後に、後楽園ホールで高田さんとの試合があった。佐山さんは肩にテーピングをして出てきましたね。高田さんは勝ったけど、すごくガッカリしていました。そりゃあそうでしょう。『本当は自分のほうが強いけど、ケガをしていたから負けた』と佐山さんに言い訳をされたんですから。佐山さんにはそういうところがある。負ける時には、あらかじめ理由を作っておくんです。やっぱりスターですからね」（更級四郎）

そんな佐山に、更級はリーグ戦を提案した。選手たちを1部のAリーグと2部のBリーグに分け、

Aリーグ最下位の選手はBリーグに落ちるという仕組みだ。負けても失うものが何もないUWFにリーグ戦を持ち込むことで、降格の悲しみと昇格の喜びを生み出そうとしたのである。

「ほかのレスラーにBリーグに落ちてくれなんて、僕からは言えません」と佐山に断られた更級は、自ら前田日明に会いに行った。「僕から前田さんに言いました。あなたや佐山さんが優勝したのでは誰も驚かない。でも、あなたや佐山さんが、意外にも1勝くらいしかできなくてBリーグに落ちれば、大変な話題を呼びますよ、って。前田さんは即答しました。Bリーグに落ちてもいい。UWFを存続させるためだったら何でもやりますと」

（更級四郎『１９８４年の～』２２２頁）

前田がBクラスに落ちた？

○I氏の指摘　前田のBリーグ落ちは、更級の提案なのか、前田が自分で言い出したのか。藤原戦のケガが元で佐山が高田に負けたエピソードも、語り口のニュアンスが大分違う。
更級四郎が旧UWFでの2リーグ制導入と前田のBリーグ落ちを進言したとあるが、前田がBリーグに落ちた事実はない。層が薄くて2リーグ制は機能しなかった。高田は2度もBリーグに行くとされながら行かず仕舞い。Bリーグ廃止で山崎がAに上がったのみで入れ替えはなされず。

○格闘技ロード公式リーグ戦　順位
1木戸　2藤原　3タイガー　4前田　5高田　6山崎　7空中　8マッハ

4位決定戦で高田に勝った前田まで4人がAリーグ入り（他に外人招待選手2名）とされたが、外人選手を1人にして結局高田もAに。

○第1回公式リーグ戦（Aリーグ）順位
1藤原　2タイガー　3前田　4木戸　5高田　6キース・ハワード

日本人の最下位・高田と、Bリーグ1位・山崎（他は外人選手のみ）とで入れ替えのはずだったが、Bリーグは廃止となり、第2回リーグ戦は山崎を含めた日本人6名で行われることに決定。

□前田の発言

前田　佐山さんは一銭も出してない。「選手の面倒は俺が見る」って言うならいいよ。でもそれはしないで、「試合は月1回にしよう」「2リーグに分けよう」って、日本人選手は6～7人しかいないんだよ？（笑）どうやってやるんだよ。

――最後にはA・Bリーグ制になっていましたが、実際厳しそうでしたね。

前田　当時の状況では実現不可能みたいなことばっかり言うんだよ。

（『俺たちのプロレスVOL・7ドーム興行連発！　プロレス・バブル時代の光と闇』16頁）

以上がこの時期の『1984年のUWF』についてのI氏の検証である。ここまで、何度も名前が出てきたが、I氏はカール・ゴッチに関する記述についても精査している。まず、柳澤が書いたこの文章がわたしたちを驚かせた。

●世界最強のレスラーであるカール・ゴッチの試合には、悪役レスラーの反則によって危機一髪の状況に追い込まれることも、流血戦もなかった。ゴッチのプロレスには、観客を興奮させるだけのスリルとサスペンスが決定的に不足していたのである。観客を興奮させることのできないレスラーがメインイベンターになれるはずもない。カール・ゴッチは、短期間の例外を除いて前座レスラーの域を出ず、当然ギャランティもわずかなものだった。

(『1984年の～』32頁)

○I氏の分析　この記述はステレオ・タイプそのものだが、「短期間の例外」と留保をつけているところに、鵜呑みにしているのではなく知っていてわざと書いている印象を禁じ得ない。流智美『やっぱりプロレスが最強である!』(ベースボール・マガジン社1997年刊92頁)に、「ゴッチがアメリカでトップ・レスラーの名前をほしいままにしたのは61年から66年にかけての約6年間」とある。6年は短くない。以下も同書よりまとめる。

1959　北米へ渡る
1961　NWA世界王者パット・オコーナーに挑戦
1961　初来日、ワールド・リーグ戦参加

1962　ドン・レオ・ジョナサンから（オハイオ版）AWA世界王座奪取「ジョナサンに勝ってから、セントルイス、シカゴ、フロリダ、シスコの4地区にレギュラーでサーキットできるようになり、ファイト・マネーも10倍以上になった」（ゴッチ談）
1963〜1964　NWA世界王者ルー・テーズに10度挑戦
1966　再来日
1968〜1969　日本プロレスのコーチに

I氏は柳澤のゴッチについての記述の問題点を次のように指摘している。

●カール・ゴッチはルー・テーズに勝るとも劣らない強者だが、ふたりの間には決定的な差が存在していた。テーズの妻であるチャーリーは、亡き夫とカール・ゴッチの違いを次のように評している。《カールはプロフェッショナル・レスリングのリアリティに決して飛び込んで行かなかった。カールにとって、レスリングは誇りであり、コンペティション（競争）だった。でも、ルーにとって、レスリングはビジネスだった。レスリングは、チケットを買ってくれる人の汗でできているのよ。》（『Wrestling Observer』2007年8月6日号）（『1984年の〜』31頁）

○I氏の分析　チャーリー夫人は30歳も年下の後妻で、テーズやゴッチの全盛期を直接に知る人ではない。夫といっしょにリングに上がっていたザ・シーク夫人のような人とは違う。「テーズ曰く」

と付けなければこの考察も価値が限定されよう。

前田が『1984年のUWF』のなかのゴッチに関する記述で、右記のI氏の指摘箇所以外で、これは事実と違うと言っているのは次の箇所である。

●カレル・イスタツは（略）イギリスの炭鉱の町ウィガンにあるビリー・ライレー・ジムで腕を磨き、一流レスラーに成長した。アメリカに渡ってからはカール・ゴッチと名乗り、アメリカ各地に生き残る伝説の強者からサブミッション・レスリングを学んだ。（『1984年の〜』28頁）

奇妙なことにここでは「一流レスラーに成長した」と書きながら、同じ章立てのなかで「メインイベンターになれるはずもない。カール・ゴッチは、短期間の例外を除いて前座レスラーの域を出なかった」と書いている。書いた本人はこれを矛盾だと思わなかったのだろうか。

□前田の発言

これは違いますよ。これは失礼ですよ。まずカール・ゴッチから貶めようとしてるんですよ。まず、カレルじゃなくて、カールですよ。カール・イスタツ。この人（柳澤のこと）、「アメリカ各地に生き残る伝説の強者からサブミッション・レスリングを学んだ」って書いているんだけど、もう少し正確に書いてほしいんだよ、伝説の強者って誰なのか。ゴッチさんは、サブミッションを

ビリー・ライレー・ジムで勉強したんじゃないの？　俺は本人からそう聞かされているけど。

たしかに、プロレスが純然たるエンターテインメントばかりになっているアメリカで、どこかにいるはずの伝説の強者たちからサブミッション・レスリングを学んだのだとしたら、どういう出自、経歴の人なのか非常に興味深い話である。

□前田の発言

この本ではゴッチさんは二流レスラー扱いになっているけど、そんなの大間違いで、当時、NWA、AWA、WWWFっていって、三大テリトリーがあったんです。ゴッチさんはこの時期にドン・レオ・ジョナサンとヘビー級のタイトルマッチやっているんですよ。ジョナサンをKOしちゃって。それが問題になってハワイにいったんですよ。ゴッチさんは当時もそうだし、アメリカでポリスマンとかフッカーとかいわれていたんです。団体を守るために、外部から挑戦してくるヤツの挑戦を受けてたんですよね。団体に挑戦してきたヤツを全部引き受けて片っ端からやっつける、あれですよね。

「ゴッチには自分より弱いレスラーに負けなくてはならないことへの抑えがたい嫌悪感があった。当然、ゴッチと一致協力して試合を盛り上げ、観客を興奮の坩堝に叩きこむことなど、到底不可能だった」（30頁）って書いていて、弱いレスラーに負けなくてはならない、そういうことに嫌悪感があったって書いてますけど、そういうのはありましたけど、ちゃんとやってましたよ、そういう

人たちと試合を。「到底不可能」というような話じゃない。だいたい海外では週契約ですよ。それで一週間のうちにだいたい毎日二試合、三試合ってやるんですよ。そんな中であいつが嫌だとかこいつが嫌だとかいってたら、あっという間に飯を食えなくなりますよ。

●ホノルルに居を移したゴッチはプロレスラーの職を得たものの、まもなくプロモーターとトラブルを起こして解雇され、清掃局でゴミ収集の仕事をせざるを得なくなった。ゴッチが収集車に乗ることは決してなかった。収集車の横を並走し、集積所に着くと、バケツの中のゴミを片っ端から収集車に放り込み、また次の集積所まで走って行く。

（『１９８４年の～』35頁）

□前田の発言

これ、何かっていったらさっきも言ったAWAのヘビー級のタイトルマッチで、ドン・レオ・ジョナサンをKOして、それが問題化しちゃったんですよ。で、ゴミ車でもなんでも働こうってハワイにいったんですよ。ゴッチさんはアメリカで食えなかったとか、そういう選手じゃないんですよね。なんかね、アメリカのゴミ収集は仕事の量に比例したギャラが出るようなシステムらしいですね。ゴッチさんいわく、当時うちのチームはハワイどころか全米でナンバー1の収集率だったって。自慢していましたからね。いわゆる日本のごみ収集とは違いますよね。

ゴッチに関する記事での事実関係の誤認については、誰かが言ったことを真に受けて、そのまま鵜呑みにして書いているのではないか。あるいは、検証する人など誰もいないだろうと甘く見て、事実を自分の都合のいいようにねじ曲げて書いているのではないか。そうでないとしたら、取材が浅い、ということである。わたしが気になったゴッチに関する記述について言うと、本人のコメントを受けて、趣旨をねじ曲げて書いていることだった。言葉の詐術である。たとえば、それはこういうことだ。

●〈私に言わせればプロフェッショナル・レスリングというものは50年代半ばで消えてしまったんだ。もっとも、わたしはその後も自分のレスリングにこだわり続けたがね。なぜかって？　それは私にとってレスリングとは、常に自分の質を向上させることだったからさ。自分を高めようという努力を放棄することは、結局、誇りや名誉を自らドブの中に投げ捨てるようなものだ。アマだろうが、プロだろうが、それがなければレスリングは無意味だろう。〉（『格闘技通信』１９８８年7月1日号）

ゴッチは、チケットを買ってくれる観客たちを最大限に楽しませるというビジネスよりも、自分の誇りと名誉を優先させた。

（『１９８４年の～』32頁）

ゴッチのコメントの引用があって、そのあと、「ビジネスよりも、自分の誇りと名誉を優先させた」と書いているのだが、どうしてそのコメントの後にこういう文章が来るのか、いくら考えても分からない。ゴッチが語っている内容からはどうやっても「ビジネスよりも、自分の誇りと名誉を優先させた」という文章にはつながらないのではないか。さらに、こういうこともやっている。

柳澤によれば、ゴッチは不遇のレスラーであり、彼が佐山をＵＷＦのリーダーにしなければならないと考えた理由というのを柳澤は、「『最強のレスラーがチャンピオンになるべきだ』というゴッチの信念が『刺激的なプロレスを見たい』という観客の欲望の前に、ひとたまりもなく敗北したのである」という意味不明の文章で説明しようとしている。さらに、そのことの根拠としての記述。こちらはゴッチの発言を悪用しているのだが、こんな説明がある。

●《たとえばの話、私が強さではナンバー1だが、カリスマ性がなかったとしよう。だがナンバー2の人間はカリスマ性を持っている。そうなったら、私はそいつにトップを譲るよ。それでいいんだ。もし他から強い奴がやってきたら、私が出ていってそいつを倒す！　わかるかそれが「ポリスマン」だ。それがビジネスだ。（中略）》（カール・ゴッチ／『紙のプロレスＲＡＤＩＣＡＬ』NO・4）

カリスマ性を持たない強者の、血を吐くような言葉だ。（『１９８４年の～』１６７頁）

ゴッチは話の冒頭部分でわざわざたとえだといって喋っているのに、柳澤はそれを、事実に転化して、ゴッチはカリスマ性を持たないレスラーだという話にすり替えて書いている。

カリスマ性がないわけがない、それでなければメインエベンターなどなれない。これも強弁である。前田はゴッチの人となりについて、こんなことを言っている。

□前田の発言

佐山さんとか猪木さんとかに格闘技志向があって、というけど、それはもう、本当にゴッチさんの影響なんですよ。みんな、ゴッチさんに近づいて、ゴッチさんを見ると、自分もああいうふうになりたい、やってみたいと思いはじめるんですよ。やっぱりね、（ゴッチさんみたいなプロレスを）やりたいなあと思うようになる。ゴッチさんの持っている純粋さというか、考え方がすごい純粋で、若い人間の心に響くんですよ。（柳澤が書いたゴッチの部分に目を通したあと）

カール・ゴッチの実像

ゴッチさんがアメリカでどういう立場のプロレスラーだったかというとね、どんどん試合を消化していくという、例えれば、一番悪かった頃の日本の大相撲みたいに八百長がまかり通って、それでどんどんダメになっていくときだったんですよ、プロレスが。それをなんとか昔のガス燈時代のプロレスにもどそうっていうんで、ひとりでしゃかりきになってやっていたんです。

でも、それはプロモーターにしてみれば、なんか悪役だ、ヒールだ、ベビーフェースだってやってる方が観客も入るし、お金も儲かる。それでプロモーターがアメリカのプロレスをどんどんダメにしていったんです。それに対して、あの人は現役で敢然として戦った人なんですね。それで、それをすごく評価する人と、邪魔者扱いする人とに分かれたんですね、そういうなかで、（そういうことを言ったりやったりすると）扱いにくい選手ということでたいていの人はダメになっていくんですけど、あの人はそういう立場にありながら、ＮＷＡでルー・テーズに七回、八回と挑戦したり

とか。（ルー・テーズはゴッチさんに一回も勝ちをあげなかったんでしょうね、と塩澤）

AWAのなかでヘビー級シングル取ったりとか、WWFのタッグ取ったりとかしているんです。でね、佐山さんのタイガーマスク時代のいろんな動きを「独自の」っていうのがあるじゃないですか、あんなん大ウソでね、オレもそうだし、佐山さんもそうだし、猪木さんもそうなんだけど、ゴッチさんに教えてもらったプロレスの動きっていっぱいあるんですよ。佐山さんがオリジナルでやったのは、なにかというと、アクロバチックなバク宙（空中でのバク転）したりとか、相手をコーナーに投げて相手の体を踏み台にしてバク宙したりとか、あのくらいですね。だから、ゴッチさんが普通に、これはワークでも使える動きだよって言っていたので、プロレスのセオリーになっているのがいっぱいあるんですよ。コブラツイストも卍固めも、ま、ゴッチさん以前にやった人いるかどうか分かんないですけど、猪木さんはゴッチさんから教わっているんですよね。

ゴッチさんは、（団体のなかの難しい政治的なこととかに関しては）「それはオレには分かんないよ。自分たちの問題なんだから、自分たちで相談してきめろ、そういうことはオレには分からないから」と、必ずそう言っていたんですよ。

技術的なこと、精神的なこと、トレーニングのこと、それ以外のことはまったく興味もなかったし、言わなかった。逆にそういう人だから、ああいう（ストイックな）スタイルのプロレスができていったのかも知れない。プロモーターとか、そういう人たちに対する興味がない、すごい、変な山っ気のようなものが全くなくて、求道士みたいな人だったんですよ。だからみんな、ゴッチさんのことを信頼していたし、憧れていた。誰もゴッチさんの誠実を疑わなかったですよ。プロレスの

世界にもこういう人がいるんだ、ということで。

柳澤がやっていることはレスラーとしてのゴッチの位置付けからして狂っているのだが、前田、藤原、佐山についての位置関係の認識もおかしい。それはまず、UWF全体の団体としての位置付けがおかしいからなのだ。

前田からUWFの中心的な人物であったという評価を奪い取り、所謂、前田史観を覆して、UWFの首謀者は佐山であるという考え方を確立するには、佐山聡がUWFの他のメンバーと行動を共にしていたその十三カ月あまりが、他の時期に比べて圧倒的に深い意味がある、その時期の佐山がUWFの指導者的な役割を果たしたということを証明しなければならない。

そのために彼は、ここでいろいろに手の込んだ仕掛けを使って、UWF全体が佐山聡の功績であると主張して、佐山が主役というのを印象づけようとする。

どうしてそういう発想をとったか、それは分からない。もしかしたら、本人の発想ではなく、編集者たちの（つまり、連載をすることに決めた『Number』の編集部のリクエストとして、「前田が主役ではないUWFの歴史は書けないだろうか」という）提案があって、後乗りで始めた仕事なのかも知れない。しかし、これはこまかい事情を知っていればいるほど、無理な相談なのである。

柳澤か、雑誌『Number』の編集者か、どちらかだと思うが、誰かから「あれは全部、佐山の仕掛けなんだよ。それを前田が横取りしたんですよ」というようなことを吹き込まれて、ホントにそうなら全く新しいUWFの物語が書けるはずだと考えたのではないか。そのために彼は、

［A］ 218頁　佐山聡こそ日本のプロレス文化、格闘技文化の淵源なのだ。
［B］ 231頁　UWFは1984年後半から約1年間にわたって佐山聡が主導した。
［C］ 234頁　UWFの現場は、藤原喜明をリーダーに極めて民主的に運営されていた。
優れたアイデアを持っていたのが佐山ひとりだった、というだけのことだ。

という主要なスローガンを三項目掲げている。彼はなんとか［A］のことを認めさせるために、散々いろんな手を尽くして文飾的な画策をしているのだが、当時の残された記録を調べていくと、それが事実と異なることがたちまちのうちに露顕してしまう。

また、この［B］、［C］二つの発言が矛盾しないで存在するためには、UWFの関係者のなかで、佐山が団体のために自分を犠牲にした、というような、周囲の人間たちから信頼されうる、人間性のようなものが必要ではないかと思うが、実態はかなり違っている。後述するが、彼はこの時期、団体の現実を無視して、自分の理想ばかりをしゃべりつづけている。

柳澤はこの部分の執筆のとき、おそらく以下の四つのことを要点として考えたはずである。

①佐山は（佐山だけが）模擬格闘技プロレス団体であるUWFのための準備をしていた。
②UWFの意味は第一次UWF（ユニバーサル・プロレス）にしかなく、第二次UWFにプロレス団体としての重要な意味はない。

③第一次ＵＷＦの実質的エースにして、精神的リーダーは佐山聡である。
④佐山聡こそ総合格闘技の提唱者であり、総合格闘技成立の最大の功労者である。

しかし、実体が必ずしもそうではないので、結果として材料の並べを相当に無理して行っている。ちょっとプロレスに詳しい人たちが、あの本はウソだらけじゃないかと言うのは、そのデータの捏造と趣旨のねじ曲げのせいである。まず、①については、同書の構成として、最初の部分に新日プロ時代の、まだ新人レスラーだったころの佐山の有り様をこんなふうに書いて、彼が特別に新しい格闘技を目指すレスラーで、この時期からＵＷＦの主役たるべく準備していたと印象づけようとしてこう書く。

●佐山の考えた新格闘技とは、打撃戦から始まり、組みついて投げ合うテイクダウンの攻防から寝技の攻防に移行し、最終的に関節技で極めて完全決着するというものだった。いまで言う総合格闘技、あるいはＭＭＡ（Mixed Martial Arts）である。１９７０年代半ば、すでに総合格闘技を構想し、実現に向けて歩き出した18歳の青年がいたということだ。青年の部屋には「真の格闘技は、打撃に始まり、組み合い、投げ、極める」と大書した紙が貼られていた。天才としか言いようがない。佐山聡以前に、そのようなことを考えたプロレスラーはひとりもいなかったのだから。

（『１９８４年の～』50頁）

まず、ここには言葉の詐術がある。彼はここのところでさりげなく［総合格闘技］という言葉を使っている。しかし、この言葉は前田本人の記憶では一九八〇年代の半ばごろに、それこそ雑誌の『Number』のなかで、前田日明がいまはジャーナリストとして活動している、当時、同編集部のライターをしていた岩上安身のインタビューに答えて、初めて使った言葉で、これをそれよりも十年も前の佐山が考えていたことに当てがうのには無理がある。

総合格闘技というのは「平和」とか「幸福」という言葉のような抽象的な概念ではなく、「江戸幕府」とか「明治維新」と同類の具体的、歴史的事実である。戦国時代に「江戸幕府」という概念はあり得ないし、徳川家康の頭のなかにあったのは、ぼんやりとした野望で、自分中心の政治体制にまつわる構想だけだったはずである。

総合格闘技も同じことで、佐山がそのころ考えていたことが、のちの総合格闘技であったと書くことのできる、根拠になるデータはなにもない。これは④の総合格闘技の提唱者は誰なのか、という問題とも関係しているのだが、この時代の、そういう格闘技志向についてのレスラーたちのあいだでの状況は、柳澤が書いているようなものではなかった。

□前田の発言

たとえばここに、「１９７０年代の半ば、すでに総合格闘技を構想し、実現に向けて歩き出した18歳の青年がいたということだ。青年の部屋には『真の格闘技は、打撃に始まり、組み合い、投げ、極める』と大書した紙が貼られていた。天才としか言いようがない。佐山聡以前に、そのようなこ

とを考えたプロレスラーはひとりもいなかったのだから」（51頁）っていう文章があるんですが、「絞め、投げ、極める。これ、基本」て、猪木さんも山本さん（小鉄）も始終言ってたんですよね。「お前ら、プロなんだから、何やっても勝たなきゃいけないんだ。何やっても負けないっていうのがプロなんだって、いつも言ってましたよ。

総合格闘技という言葉を自分が使い始めるのは、ユニバーサルが終わって、新日本との提携時代の初め頃だと思うんですよ。自分のインタビューの歴史を辿っていけばでてくると思うんですが、（ユニバーサルの頃は『真の格闘技』とか、『シューティング』という言葉が使われていたよね。と塩澤＝編者）**（総合格闘技という言葉が生まれたのは）たぶん、新日プロとの業務提携の時代だと思いますよ。なにを目指しているんですか、どうなんですかと聞かれて、ガス燈時代のプロレスと答えて、完全なガス燈時代のプロレスはパンチもキックもないんですが、いまは昔と違ってあるわけだから、敢えていうならば『総合格闘技』ですね、といったんです。**

前田のこの発言を受けて、ユニバーサル（＝第一次ＵＷＦ）について書くと、前田自身はこの団体が自分中心に運営されていていたという意識はほとんどなく、第二次ＵＷＦの経緯も含めて、自分はひどい目に遭わされた被害者の代表格で、思い出したくもない、というのがホンネだった。

一方、この時代に佐山が積み重ねていた努力は、ＵＷＦ的には最初の一年間にしか関係していなくて、その後はシューティング協会の創設とその後の活動に生かされるのであって、ＵＷＦのその後の実体的な動きとは関係がない。彼は第一次ＵＷＦに自分が考えたルールを当てがおうとし、自分がプロレスを格闘技に近づけるために考えたいくつかのプランを他のレスラーたちに拒否されて排除された、それだけのことなのである。

その彼をＵＷＦの主役に据えてものを考えるということは、要するにＵＷＦの歴史の最重要部分が、佐山が加わって活動したその一年余であり、特に、佐山によってもたらされたルールがＵＷＦを決定的に従来のプロレスとは違うモノにしていき、その理念の力が総合格闘技への道を切り拓いた、という考え方である。

これによれば、ＵＷＦは前田とか、藤原とか、高田というような、佐山が見捨てたレスラーたちが作ったのではなく、その見捨てられたレスラーたちが佐山の残していったＵＷＦの理念（それがルールに具現しているのだというのが柳澤の主張である。彼は「ＵＷＦはルールがすべて」と極端な発言もしている）にすがって、紡ぎ出した愚者の歴史である、ＵＷＦなんて最初の一年以外、なんの創造的な意味もないのだ、というのである。

格闘技への願望は佐山の個人的なものではなく、新日本プロレスの道場で育った人間たちの心に等し並みに存在していた理念だったというのが実情でありながら、柳澤は佐山だけがそうだったと書いている。これも前田他のレスラーたちをＵＷＦの脇役として配するための準備である。

そこで柳澤は三人の人間の証言を取り上げる。ターザン山本、更級四郎、若林太郎の三名である。この人たちの発言は、検証していくと柳澤のところでどのくらいの内容の変造があったのかは別にして、いずれも実情から乖離しているために破綻している。

まず、ＵＷＦ全体を貶める役目を担って登場するのがターザン山本で、この発言である。

■ターザン山本の発言　「新生ＵＷＦのレスラーたちに思想などなかった」と語るのはターザン山本である。「前田たちは典型的なプロレスラー。金と女とクルマにしか興味のない人間。ＵＷＦとは何か、ＵＷＦがどうあるべきか、ＵＷＦはどうあらねばならないか。そんなことを真剣に考えている人間は新生ＵＷＦにはひとりもいなかった。

新生ＵＷＦは、神社長が主導する芸能プロダクションのようなもの。前田以下のレスラーたちは、神社長が作ったプランに乗っかり、佐山が作ったルールやレガースやシューズを借りてきただけ。ところが、ファンはＵＷＦの思想を全面的に１００％信じて、経済的基盤のない新生ＵＷＦを自分たちが支えようとした。ＵＷＦという幻想、空想がひとり歩きしていたんです。ファンはＵＷＦの幻想を心から信じている。ＵＷＦのレスラーは誰も何も信じていないのに。ギャグですよ」

（『１９８４年の～』２８３頁）

□前田の発言

山本さんの認識は間違ってますよ。新生ＵＷＦの売り出しプランというのは神が作ったんじゃないんですよ。当時、ハウンドドックなんかのマネージメントをやっていた芸能プロダクションの社長で福田さんという人がいたんですけれど、その人が芸能のコンサートの手法でやればいい、前田中心にやるんだったらきっとうまくいくと言って、こういうふうにやるんだと細かいところまで教えてくれたんですよ。それで、ＵＷＦは上手くいったんです。神はそれを見てただけ。

プロレスラーは金と女とクルマにしか興味がない

ところで、ここでターザン山本がいったという「前田たちは金と女とクルマにしか興味のない人間」というコメントはさすがに物議を醸した。このことを彼は、その四カ月後に出版された『証言UWF最後の真実』のなかでこう弁解している。

■ターザン山本の弁解　あのね、僕はプロレスラーの一般論として「レスラーはお金と女とクルマに興味がある」って言ったら、それがすり替えられてUWFのレスラーがそうだという形で書かれてね。そしたら「UWFを神話化したのにターザンは裏切り者だ」って。言った意味が違うんだよね。レスラー全般に対しての発言であって「UWFの選手もそうかもしれないよ」と踏み込んで言ったのに、それをUWFのことだと「断定」されてるんだよ。（『証言UWF最後の真実』115頁）

ターザンの立ち位置は相変わらず怪物的で、わけの分からない弁解である。「レスラー全般が金と女とクルマにしか興味のない人間だ」という発言のほうがたちが悪くないだろうか。ところが、実体はどうもここに書かれている話とも違うようなのだ。これは前田日明本人が実際にターザンに会う機会があって、発言の真意を問いただしたらしい。そうしたらこう言ったという。

□前田の発言

ターザン山本はこう言うんだよ。「アレは違うんですよ。（『1984年〜』も『証言UWF〜』も違うという意味）**プロレスラーは世間一般の人からは［金と女とクルマにしか興味のない人間］というイメージで見られている、というふうに言っただけなの。それを、ああいうふうに書き換えられちゃったんですよ」って。**

ターザン山本というのはもうなんというか、ライターなんだけれど、どう言えばいいのか難しいんだけど、編集もするライターでありながら、プロレスの世界にどっぷり漬かっちゃってる人なんですよ。編集者として自分を見せる見せ方からして、自分の存在そのモノがプロレスみたいな感じですよね。あの人が書くものを読むと、なんでも気分だけで書いている。その気分を振り回して文章を書くことがプロレスだと思っている。

彼の場合はなんかね、彼の中にあるプロレス的なものはなにかと言ったら、要するに、冷静な見識がないんですよ。まさに、そのときの気分でものを書いているんですよね。（プロレスってなんだろうっていう説明がないし、あっても一貫していない。社会とプロレスの関係性の説明も曖昧で、やっていることが全部矛盾だらけだよね、とわたし＝塩澤が言う）

もしかしたら、右の弁解も変幻自在のその場の虚言なのかも知れない。とにかく矛盾は承知で、誰に対しても調子を合わせているのかも知れない。とりあえず話を年表に戻そう。

[1984年]

5月29日

新日本プロレス、UWF問題について記者会見

■『週刊プロレス』1984年6月19日号17頁

「コミッショナー見解を無視しての独自路線を引くUWFには今後協力できない。前田、木村、剛の3選手がウチのリングに上がるのは拒まない。ただしUWFのマットに上がるのなら話は別」

「ザ・タイガーと新日プロとの契約は3月31日で切れたが1年間は他団体のマットに上がれない契約になっている。出場するなら法的手段に訴える。また、UWFと合同で行うことになっていた韓国遠征については、前田、木村、剛がフリーになったことを条件に参加させるだろう」

6月1日

UWF記者会見　団体から離脱を噂されていたラッシャー、剛、前田が三人揃って記者会見に同席し、所属選手として、団体と運命を共にすることを表明。席上、旗揚げ第二陣興行について、当初の6月開催から7月、そしてまた8月下旬と二転三転。前途多難を思わせた。

六月一日の記者会見は五月二十九日の新日本プロレスの記者会見に対抗して、UWFの立ち位置を正確にするために開いたものだった。この記者会見の模様は次のようなものだった。

■『週刊プロレス』1984年6月19日号17頁

まず前田ら3選手は「100％新日復帰はありえない」と言明し、伊佐早部長が、「コミッショナーの認可団体に入ることは考えていない。韓国遠征は大韓プロレスの主催ということでOKした。あえてコビを売る必要もないので断固拒否したい」と敵対姿勢をムキ出しにしたのが注目された。(略)

他団体へのゲスト出場はありえるか、との質問にも、「新日本、全日本ともに、こちらから働きかけることはない。向こうから要請があった場合でも、新日マットには絶対に上がらない。我々は新日本プロレスと喧嘩別れしたのであり、わだかまりがある。ただし、そういうことのない全日本については白紙の状態」(伊佐早部長)と、新日本側との亀裂がまざまざ。

ザ・タイガーに関しては「交渉は続いている。新日本とテレビ朝日の問題はタイガー側にクリアにしてくれと要請中」という見解を明らかにした。また前田は個人的な意見として、「彼とは、僕がプロレス界入りする前からの友人関係。お互いなんのわだかまりもない仲だし、もし(UWF)参加が実現すれば大変うれしい」と率直にタイガー参加を期待する口ぶり。(略)タイガーUWF参戦の可能性は相変わらず強い。

ここからUWFと新日本プロレスは明確な対立関係へと入っていく。この背後でなにが起こっていたのかというと、新日本に回帰して、自分の力を保持しながらUWFの存続を図ろうとしていた新間に対するUWFの現場の人たち、伊佐早を筆頭とする新日本出身の背広組の反発である。

□前田の発言

あのとき、高田を通してオレのところに猪木さんからメッセージが届いて、とにかく、お前だけでいいから、新日本に帰ってこい、って言われたんですよ。UWFに猪木さんが関係していることはわかっていたから。だけど、オレはいっしょにUWFをやりたいといってついてきてくれた若い社員たちをほったらかしにして自分ひとりだけ、もどる気にはなれなかったんです。

これはまた、新間の思惑とはまた別の、猪木のUWF切り崩し工作ともいうべきメッセージだったのかも知れないし、この仕掛け全体が二人で描いた青写真に基づくものなのかも知れなかった。天才という言葉をやたらに乱発するのはどうかと思うが、猪木がこういうプロレス的なアングル、ギミックの発想の天才であったことはまちがいない。しかし、新日本プロレスも猪木が言う通りに動いているわけではなく、別の思惑(=猪木排斥の動き)も絡んで、現実がいくつもあるような状況だった。伊佐早たちはそういう状態に強く反発していて、本当にどこからプロレスでどこからガチンコなのか分からない、団体の政治的状況自体が、擬制の[新型格闘技]のような状態だった。

正真のところ、新日プロにとっても、猪木にとっても、この時点でUWFのなかで本当に商品価値があったのはレギュラーのメインエベンターだった前田日明だけだったのである。猪木の「自伝」にこんな文章がある。

■アントニオ猪木の独白　ヨーロッパ遠征から前田日明が凱旋し、新世代のエースと呼ばれたのもこの頃だ。前田はまだ細かったが、堂々たるヘビー級の体格になれる素材だった。長州も藤波も、ヘビー級としては物足りない。私も次は前田の時代だと見ていた。(『アントニオ猪木自伝』237頁)

このことを柳澤はこういうふうに書いている。

●もし、前田がUWFに移籍せず、新日本プロレスに残っていたらどうなっていたか？　長州力率いる維新軍の引き立て役をさせられていた前田が新日本プロレスのエースとなるまでには、恐ろしいほどの時間がかかったはずだ。いや、その日が永遠にこない可能性も充分にあった。

(『1984年の〜』110頁)

この部分はI氏の指摘と重なっている。I氏は当時のリングの上での前田について、オンタイムでの目撃者として、立派に戦っていたと証言しているのだが、柳澤はどういう根拠に基づいて、前田には「新日本プロレスのエースになる日が永遠に来ない」と書いているのだろう。

それともこの文章は彼の勝手な予想なのだろうか。長州たちがジャパンプロレスを名乗って、そっくり全日本プロレスに身柄を移してしまうのは一九八四年の秋口からのことで、そのことにより、新日プロのマットはレスラーの絶対数が不足して、イヤでも、前田、高田らのUWFのレスラーたち（UWFの方もこの時期に団体としては破綻してしまっていた）に頼らざるを得なくなっていった。前田はレスラーとしての活動をつづけているかぎり、早晩、新日プロのメーンエベンターにならざるを得ない宿命にあった。

しかし、いずれにしてもこの時点（一九八四年夏）では、前田たちの持っている集客力だけでは団体は存続できなかった。ＵＷＦの関係者の気持ちのなかには〈これにタイガーマスクが加わってくれれば〉という思いがあった。

ところが、このときの佐山のＵＷＦへの参加の条件が新間の排除だった。これはそこに至るまでの複雑な事情があった。その大まかな経緯は前章の最後の部分で書いたが、新間はこのなかで一番頼りにしていて、なにがあっても自分についてきてくれると考えていた前田がＵＷＦに留まることを決めたことで立場を失い、それに前後してビンス・マクマホン・シニアという後ろ盾を失い、プロレスの世界から姿を消すのである。話を年表に戻そう。

6月27日　藤原喜明、高田伸彦が記者会見し、ＵＷＦ移籍を発表

6月28日　ザ・タイガー（佐山聡）と山崎一夫が記者会見、ＵＷＦ参戦を発表

■『週刊ゴング』１９８４年8月2日号　45頁　匿名座談会。

Ｃ　そういえば、いよいよ注目のザ・タイガーがカムバックするわけだけど、…どうかな1年ぶりのタイガーは？

B　今後の一番の課題はタイガーが言う新・格闘技というものを、あくまでも貫き通すのか、それともプロレスラーに戻るのかということに尽きるね。いつまでも新・格闘技という理想を固守していると自分自身でジレンマに落ち込んでしまうような気がしてならない。

A　やはり、タイガーはリングの上でプロレスをやることによって初めて光り輝いて見えるような男だからな。

B　新格闘技をめざすと公言しながら、表面的にはもっともプロレスチックな〝タイガー〟という名前を今なお看板にしている。オレはこのあたりにも矛盾を感じるね。もし、本当に新・格闘技に徹するなら本名の佐山聡に戻るべきだし、タイガーを名乗り通すなら、めざしている新・格闘技がプロレスをも超越したようなニュアンスのコメントはしてほしくないね。

C　やはり、タイガーにしても…あの虎のマスクをかぶっていればこそタイガーで、素顔では一般ファンにアピールするものが少ないことはよく知ってますよ。

A　そもそもタイガージムでやっている新・格闘技にしても疑問な点が多い。今のところ順調に育っているのは山崎（一夫）1人だけらしいからね。タイガーと山崎の2人だけではかなり興行的には厳しい。

B　それと、相手になる選手はどこにいるのですか。プロレスラーを相手にするのか、マーシャルアーツ（全米プロ空手）やキックボクサーを相手にするのか？　そのあたりもサッパリ分からない。

A　おそらく、やっている本人たちも、そのあたりがよく分かっていないような気がするね。〝いないからこそ育てる〟という方針も聞こえはいいが……

これを読むと、佐山たちの側の実情が分かる。佐山自身も閉鎖的な団体にとどまるか、外部との接触のなかで運動を活性化させるかの分かれ目にいたのだ。そして、無限大記念日である。

7月23日
UWF無限大記念日初日　7月24日　UWF無限大記念日二日目　東京・後楽園ホール　両日とも観客動員3000人（満員）。新日プロから藤原喜明、高田伸彦、約1年ぶりの復活となったザ・タイガー（初代タイガーマスク）と山崎一夫が参戦。
8月6日
ザ・タイガー、山崎一夫、マッハ隼人、UWFに正式入団。
8月29日
ビクトリー・ウィークス開幕。第一戦は高崎市中央体育館、観客動員3500人（満員）ザ・タイガーはスーパー・タイガーに改名。カール・ゴッチがUWF最高顧問に就任。

このころのUWFの内部の状態を柳澤はこういう書き方をしている。
最初、前田が団体のリーダーだったのが、藤原に移り、それが佐山に移ったというのだ。

●ＵＷＦの中心にいるのは前田日明である。スタッフたちは、崩壊寸前に追い込まれた弱小団体を見捨てなかった前田を深く信頼していた。その前田は「自分を日本プロレス界のエースに育て上げる」と明言した藤原を慕い、リーダーの座を譲った。スーパースターであり、道場にはめったに姿を見せない佐山は、彼らとは少し距離があった。ゴッチは団体の精神的支柱である前田日明でも、新たにリーダーとなった藤原喜明でもなく、観客にアピールする力を持つ佐山聡をエースにする以外に、ＵＷＦが生き残ることはできないと考えたのである。（『１９８４年の～』１６７頁）

この文章を細かく分析していくと、もう、意味のつながりはヨレヨレである。

まず、柳澤は「ＵＷＦの中心にいるのは前田」と書いているが、前田は自分をＵＷＦの中心にいる（柳澤の文脈の運びからいうと、リーダーということだろう）などとは考えていない。

□前田の発言

オレにとってのＵＷＦというのは家族だったんです。藤原さんが父親でオレは長男だったんですよ。実際、藤原さんは気分屋で、なにかあるとすぐにすねちゃうところとか、貧乏くさい雰囲気とか、オレの親父にそっくりだったんですよ。だから、いろいろあったけど、藤原さんというのはオレにとってはものすごい重要な、精神的な支えの一つだったんです。

藤原さんはオレの親父にそっくりだった（前田）

前田にも団体のエースであるという自覚（というより団体のエースでなければという義務感）はあっただろうが、自分をリーダーなどとは一度も発言していない。当時の資料を読みあさればわかる。週刊ゴングに記事にこんな記事がある。「観客無視の格闘プロレスをお見せします!!」というタイトルがついている。

□前田の発言

〝ＵＷＦの若きエース〟と呼ばれてきた前田日明。その前田のエースの座を脅かす藤原喜明、スーパー・タイガー（佐山聡）との三巴戦が、現在行われているＵＷＦ「ビクトリー・ウィークス」で勃発。まさに尻に火がついた感のある前田日明。そんな前田に現在の心境を大いに語ってもらった。

「９月７日、11日の後楽園ホールでの三巴決戦は最高の相手との最高の試合をお見せできますよ。藤原さんの〝凄み〟はみんな知っての通りだし、スーパー・タイガーに関しては体は我々より小さいけど、まさに天は二物を与えずの諺そのモノで彼のキックはヘビー級のキックだよ。（略）真のエースは誰なんだ？　なんて騒いでるみたいだけど、（略）次の後楽園で誰が勝とうが負けようが関係ないよ。負けた人間は精進して再びチャレンジする。（略）そういった事が大事だと思うんだよ。エースがひとりじゃなくたっていいじゃない、ＵＷＦ全レスラーがエースなんだよ。ともかく後楽園決戦

期待してよ。ただ観衆に媚を売るような試合は見せないよ。我々は〝格闘プロレス〟を目指しているんだからね」

（『週刊ゴング』1984年9月20日号18頁）

『週刊ゴング』の惹句はかなりプロレス的に書いていて、前田を団体のエースに持ち上げようとしているが、前田の方はしゃべっていることがまともで、ふかしもなく考え方も健康的だ。藤原に対しても佐山に対しても尊敬のスタンスを保持しながら発言している。佐山が後付け説明でUWFを自分が考えているような新格闘技団体に作りかえてやろうという下心を持って、他のUWFのレスラーたちと接触していたと言っているのと大違いである。

柳澤は「前田は「自分を日本プロレス界のエースに育て上げる」と明言した藤原を慕い、リーダーの座を譲った」と書いているが、もともと前田も自分のことをエースとして団体を支えなければぐらいのことは考えていただろうが、自分が団体を主導するリーダーだなどとは考えていない。資料を読むかぎり、むしろ藤原、佐山、高田、山崎が参戦してくれたことにほっと安堵している。また、つづく文章になるが、「スーパースターであり、道場にはめったに姿を見せない佐山は、彼らとは少し距離があった」という文章について書くと、佐山が道場に姿を見せないのは、別に彼がスーパースターだからではない。このころのUWFの道場での練習について、こんな回想談がある。

■『Gスピリッツ』vol・44　2017年8月5日号　44頁

北沢　地方巡業はホテルの時もありましたけど、旅館に泊まった時は藤原が音頭をとって、みんなで宴会をやりましたよ。もちろん、佐山も一緒に。そこは新日本の頃と同じでしたから。
寺島　佐山さんは、ＵＷＦの道場にも来ていたしね。
北沢　最初は時間をズラして来て、タイガー・ジムの山崎、宮戸（成夫＝現・優光）、太った田中（太郎）というコだけと一緒に練習していたんですけれど、そのうちにみんなと同じ時間帯に来て、佐山も混じってやっていましたよ。
寺島　そうそう、僕も道場で佐山さんと一緒にちゃんこを食べたりしていたから。（中略）
上井　この前、ＵＷＦの若手だった森泰樹（後に総合格闘技道場『ライルーツコナン』を主宰）と話をしたら、「佐山さんに練習をつけてもらいました」といってましたからね。佐山さんがＵＷＦの若手に教えることもあったんだと思いますよ。それが最後の頃に道場に来なくなるんです。そこで伊佐早さんが「佐山は同じちゃんこを食わないから、好き勝手して…」みたいに言い出したんですよ。
寺島　佐山さんは三軒茶屋のスーパー・タイガー・ジムができたから、ＵＷＦの道場に行かなくなったの。

ＵＷＦが発足当初はあれこれと思いの違いはあっても和気藹々とした親密集団だったことがわかる。北沢というのは、タイガー招聘のところで名前が出てきた元ＵＷＦのレフェリーの北沢幹之、上井というのはＵＷＦの営業をやった上井文彦、寺島というのは道場の建物を融通してやった運送会社の社長だった寺島幸男、三人の回顧鼎談である。スーパー・タイガー・ジムができるのは年表的にいうと、一九八五年に入ってからのことだが、同じ時期にショウジ・コンチャを脅迫したとして留置場に入れられていたＵＷＦの社長の浦田が釈放されて、団体に復帰し、社長業を再開している。

□前田の発言

上井さんはあのころ、佐山さんのことをボロクソに言っていて、俺のところに伊佐早さんと一緒に「前田さん、あいつをやっちゃって下さい」って言いに来た張本人なんですよ。それがいまは、ぜんぜん違うことを言ってるんだから、本当に人間というのは恐ろしい。

それと、もう一人、更級さんがなんかメチャクチャのことを言い出しているんです。ＵＷＦはオレのせいだみたいな。

さて、ここでイラストレーターの更級四郎の登場である。Ｉ氏も検証しているが、この人の発言がすごい。柳澤がコメントを作りかえたのか、本当に更級がそう発言しているのか、判断が付かない。

●更級がＵＷＦの３選手を囲む夕食会に呼ばれたのは、それ（伊佐早から電話があって）から１週間後のことだった。「更級先生、どうしてここにきたんですか？」驚いたのは前田日明だ。（略）

伊佐早から「協力してほしい」と頼まれて夕食会に顔を出したものの、所属レスラーが前田日明とラッシャー木村と剛竜馬の３人では、団体の存続は難しいだろう、と更級がぼんやりと考えていた時、前田日明がポツリと言った。「猪木ってヤツに騙された。俺はもうダメですよ」恐ろしく孤独な声を聞いて、更級は気づいた。

そうか。前田は自分ひとりならば、新日本プロレスに戻ることができるのだ。だが、もし前田が去れば、その瞬間にＵＷＦは崩壊してしまう。木村にも剛にも、営業の連中にも家族がいる。彼らを身捨てるわけにはいかない。前田は自分の将来に絶望しつつも、仲間のために必死にＵＷＦに踏みとどまろうとしているのだ。更級は思わず言った。

「前田さん、協力するよ。前田さんたちが脚光を浴びれば、『週刊プロレス』だって得するんだから」「本当ですか？　でも、週プロがダメって言うかもしれませんよね」「編集長にうまく話を持っていくから大丈夫。なにしろ『ほとんどジョーク』が当たっているから、杉山さん（『週刊プロレス』編集長の杉山頴男）には貸しがあるんだ（笑）」最後の言葉はデタラメだったが、前田は「元気が出ました」と笑顔を見せてくれた。

（『１９８４年の～』１２４頁）

よく読んでいくとこの文章はおかしい。前田はそうとう怒っている。

□前田の発言

恐ろしく孤独な声とか書いてあるンだけど、「猪木ってヤツに騙された。俺はもうダメですよ」というのは、（二年くらい後のＵＷＦの）物語の立ち位置にそって、自分自身のアングルに基づいてしゃべっていることなんですよ。それをこの人は（八十四年の六月の時点のセリフとして）真顔

で受け取って、自分に都合よくひっつけてしゃべっているんです。

編者の第一の疑問は、前田の「猪木ってヤツに騙された。俺はもうダメですよ」（A）というセリフのあとに、どうして「そうか。前田は自分ひとりならば、新日本プロレスに戻ることができるのだ。だがもし前田が去れば、その瞬間にＵＷＦは崩壊してしまう」（B）という文章が来るのか、ということだ。周囲の人たちの去就に責任感を感じて、ＵＷＦに残ることにした前田がなぜ、「猪木ってヤツに騙された。俺はもうダメですよ」というセリフと矛盾なくつながるのか、いくら考えても分からない。説明になっていないではないか。（A）と（B）はまったく別のことで、関係はない。

□前田の発言

オレのことを「騙されたからもうダメだ」とか書きながら、「帰れるのに残ろうとしている」と書いてる。二つの文章が全然矛盾してるじゃないですか。書いていることのわけが分からない。説得力もなにもない、メチャクチャの文章ですよ、これ。

このくだりが、柳澤の筆運びでこういうことになったのか、それとも、更級本人がそう言っているのか、判然としないが、この（A）と（B）というふたつの事柄をつなぐ、なんらかの説明的な文章がなければ、このふたつの文章の持っている矛盾は解決しない。

二つの文章を平気な顔をして並べて、それを組み合わせようとした〝悪文〟の責任は柳澤にある。

（B）については、前田自身がUWFに留まったことを、過去、何遍も仲間たちのためだと力説していて、その去就を説得力のあるモノにしているから、これを省略するわけにいかない。
（A）を新日プロと業務提携していた頃のUWFの、猪木と対決姿勢をアピールするためのアングルなのだということに気がつけなければ、そのまま、現実に前田の置かれた絶望的な状況の説明になる、このときの前田とUWFを貶めるのに都合のいいセリフなのだ。
この夕食会にどういうメンバーが参加していたか、正確なところは分からないが、いまも元気にしているのは前田と更級だけで、浦田も伊佐早もラッシャーも剛もみんな死んでしまっている。そもそも、更級はいまごろどうしてこんなことを言い出したのだろう。

ところが、柳澤によれば、［更級四郎のUWF救済計画］というのが存在したというのだ。それがまず藤原の移籍問題である。文頭に［前座レスラーを引き抜け］という小見出しがついている。
●「名の通ったレスラーはいらない。ファンはどんな試合をするかわかってる。UWFが藤原さんを引き抜けば『どうして藤原なんだろう？』と、みんなは疑問に思う。そこで週プロの山本さんが『藤原さんは新日本プロレスの道場主だ。UWFは新日本から精神的な支柱を引き抜いてしまった』と書く。みんなはなるほどと思うはずだよ。でも真の狙いはそこじゃない。
UWFは新日本プロレスとケンカをする。アントニオ猪木よ、文句があるんだったら言ってこい、という毅然とした態度で立ち向かってほしい。伊佐早さんたちがビビっていたんじゃ僕らも応援できない。藤原さんには『一番強いアンタが必要だ』と言って引き抜いてくれ、と僕は言った」（更

級四郎）

（『1984年の〜』127頁）

この文章はかなり重傷である。藤原喜明のUWF入りが自分のせいだと書いている。

●藤原喜明には長州力のようなアマチュアスポーツの実績がない。藤波辰巳のようなルックスの良さも、観客にアピールする表現力もない。身体も大きくならなかった。だからこそ藤原はカール・ゴッチに関節技を学び、実力で長州や藤波に勝とうとしたのだ。道場のスパーリングで藤原に勝てる者はひとりもいなくなった。

しかし、道場でいくら強くても、藤原は売れるレスラーには決してなれない。そう見ていた猪木は、藤原を世話係、身辺警護役、道場破り対応係として使った。何年経ってもリング上でのポジションは上がらず、当然、給料も極めて安かった。

（『1984年の〜』128頁）

I氏も指摘しているが、まず、危ういのは、この本自体に、藤原がこのUWFの旗揚げの時期に、新日本プロレスで〝テロリスト〟という異名をもらって売り出してきた真っ最中の話題のレスラーだったことが書き落とされていることだ。柳澤の認識のなかには、藤原は無名の前座、ずっと下積みをつづけてきた報われない醜男レスラーということしか情報がないのだ。だから、集客力はまったくなかったなどと書く。

このときの藤原は地味で渋いながら、そういう玄人受けするイメージで売り出した〝流血テロリスト〟なのである。猪木の描く下克上プロレスの筋書きからは最前衛のプロレスラーだったのだ。もしかしたら、猪木のレベルでは、当初から藤原もＵＷＦの重要な要素のひとつ、という認識があって、ＵＷＦの旗揚げに合わせた［藤原売り出し作戦］だったのかも知れない。

もうひとつ、藤原の身体についていうと、彼は発表されている数字（一九九〇年のデータだが）では、身長が一八六センチ、体重が九十八キロという記録がある。細身のレスラーだが、背丈は長州力（一八四センチ）や藤波辰巳（一八五センチ）より高い。体重はプロレスのスタイルによって、適当な重さというのがあるから、この時期も九十八キロぐらいだったかどうかも太りにくい体質かどうかも不明だが、背丈だけ比べても「身体が大きくならなかった」というのは間違いである。藤原についての基本認識も、佐山や前田に対する認識と同じようにいい加減だ。

新日本プロレスの前後の事情をきちんと調べないから、こういう文章になってしまう。さらに先ほどの前田の安月給の話ではないが、もっと大事なことが書き落とされている。裏事情は柳澤が考えているより遥かに複雑である。

藤原、高田、ＵＷＦ移籍の最後の秘密

□前田の発言

新日本プロレスにいてもらえるギャラとＵＷＦの給料は全然違うんですよ。やっと日が当たり始めたとはいえ、藤原さんは長く前座のレスラーだったから、もらえるお金は微々たるものだったと

思いますよ。僕がメーンエベンターなのに一試合1万5000円だったんだから。それが、UWFでは月給を僕とおなじ100万円くらいか、もしかしたらもっと多い、120万くらいもらっていたんじゃないかと思う。そういう話がなければいくら猪木さんが行けといったってUWFなんか来てくれませんよ。

藤原がUWFに移籍したときの給料が正確にいくらだったかは分からないが、少なくとも奥さんの弘子さんが言った「あんた、良かったね」というセリフは主役とかそういうことではなく、給料が一度に何倍にもなったからである。また、同書のなかにはこういう記述もある。

●新日本プロレスを辞める直前、藤原は道場で教えていた若手を集めて「俺は新日本プロレスを辞めてUWFに行く。一緒に来るヤツはいるか？」と尋ねた。若手は自分を慕っている。自分がUWFに行くと言えば、彼らは必ずついてくる。藤原はそう信じた。だが、小杉俊二、山田恵一（後の獣神サンダー・ライガー）、武藤敬司ら藤原教室の門下生は、藤原に従わなかった。藤原についてきたのは、高田伸彦ただひとりだったのだ。（『1984年の～』134頁）

ここに名前の挙がった人たちはみんな、武藤敬司を除いては熱心な藤原の信奉者だった。武藤は坂口征二の人脈で、前田はここに彼の名前があるのはおかしいのではないかという。どっちにしてもみんな、そのころは前座や練習生で月の給料が十万円くらいだったのではないかと思うが、UW

Ｆに行けば、高田と同じようにもらえる月給が一時に五十万円に増えると分かっていれば、誰かひとりくらいはついていっただろう。高田の回想記のなかにこんな一節がある。

■高田の告白　「新日本プロレスにいたときのぼくのギャラが、月給に直すとだいたい二十万円ぐらい。それが一気に五十万円になったんです。しかも、ユニバーサルの事務所に挨拶に行ったら、給料とは別に支度金ということで三百万円をポンとくれた。こっちはもう、目が点ですよ。そんな大金、生まれてこのかた、見たことがなかったですから」（『泣き虫』１１１頁）

　高田は散々迷いながら、ＵＷＦを選んだことになっている。しかし、ふたりとも一本釣りで、背後に猪木の政治判断があって、移籍が行われたことはまちがいない。新日本プロレスの公式スタンスと猪木が個人的に考えたり、やったりしていることとは全然違うのである。

●（ＵＷＦに移籍する）高田を、新日本プロレスの若手レスラーたちは冷ややかに見た。
　自分たちはプロだ。厳しい練習に耐えているのは、リング上で華やかなライトを浴び、テレビの電波に乗って日本中の人気者となり、大金を稼ぐためなのだ。テレビもつかないマイナー団体に行くなど愚の骨頂だ。（略）同じことをやるなら、ギャラも環境もいい新日本プロレスを離れる理由はひとつもない。さらに若手のホープである高田がいなくなれば、自分の団体内に於けるポジションがひとつ上がる。願ったり叶ったりではないか。高田以外の若手レスラーたちは、そう考えて新日本プロレスに留まったのだ。

（『1984年の～』139頁）

柳澤はこういうふうに書いているのだが、これも藤原が「UWFに行くと、俺の給料は百万円になって、高田は給料五十万円になる。それに三百万円のボーナスがついているんだヨ」といえば、みんな、「俺も月給五十万円で、三百万円のボーナスがほしい」といってついて来たかも知れない。要するに、藤原と高田は前田の意向にそって一本釣りされたのである。

高田については、こういう、つじつまの合わない記述がある。

●（更級とのやりとり）高田はいたたまれない気持ちになった。（略）「藤原さんだってひどいことを言ってますから」「なんて言ってるの？」「本日の第1試合じゃなくて、本日の第1芝居だって」

高田が新日本プロレスに入門した1980年の時点で、大人たちの多くはすでにプロレスを懐疑的に見た。特にインテリ層は「あんなものは八百長だ」と見下していた。ショーだからこそ、朝日新聞や読売新聞のスポーツ欄にプロレスの記事は載らない。『週刊プロレス』を発行するベースボール・マガジン社の社内でさえ「プロレスはスポーツに非ず」と蔑視されていた。

レスラーとフロントとプロレスメディアが一体となって作り出す虚構の世界に生きる高田伸彦にとって、藤原喜明の関節技は、ただひとつ光り輝く本物だった。

（『1984年の～』139頁）

これも矛盾だらけの文章なのだ。前田に言わせると、「本日の第1試合じゃなくて、本日の第1

芝居」というセリフは藤原お得意の自虐的な冗談だったらしい。高田はなぜ、そういう、プロレスを試合ではなく芝居だなどとひどいことをいっている藤原のあとをついていこうと思ったのか。「レスラーとプロレスメディアが一体となって作り出す虚構の空間に生きる高田伸彦にとって、藤原喜明の関節技は、ただひとつ光り輝く本物だった」と書きながら、藤原までプロレスを芝居だといっている、といって嘆くのだ。

これも事情の説明がもうひとつ不足しているからだと思うが、このままでは、高田が、自分がプロレスという虚構の空間に身を置いていることをどう考えているのか、判断がつかない。

何度も書くが、藤原と高田の移籍の背景には、柳澤が書いているような理由ではない、猪木が仕切る〝暗黒政治〟と浦田の〝月給倍々増作戦〟が存在していたのである。

もうひとつ、「高田が新日本プロレスに入門した1980年の時点で、大人たちの多くはすでにプロレスを懐疑的に見た。特にインテリ層は「あんなものは八百長だ」と見下していた」という文章があるのだが、この文章についていうと、たぶんそのころのプロレスは全体の大衆文化状況のなかの位置付け的にはある程度は柳澤の言うとおりだったと思うが、それではどうして大変な量のプロレスファンがいて、その人たちが試合があるたびに会場が満員になるほど集まってきて、熱狂的な声援が飛び交ったのか、その説明がぜんぜんできていない。

問題はここからさらに深い。それではそういう〝八百長〟のスポーツを観戦しに集まった観客たちがなぜ試合を見て熱狂するのか。プロレスを見下さずに面白がる人たちはインテリ層にはいないのか。柳澤の原稿はその視点が論じられないままでほったらかしにされている。身体を徹底的に鍛えあげてやるのだから、プロレスがスポーツでないわけがない。しかし、勝ち負けを争うのがスポーツだという考え方からすると、スポーツを逸脱している。たぶん、プロレスは［戦い］というものが儀式化された、ものすごく宗教性＝神話性の高いスポーツなのである。

□前田の発言

とにかく、柳澤はプロレスについての認識がお粗末すぎるんですよ。半端な分析能力しかないから、［レスラーとフロントとプロレスメディアが一体となって作り出す虚構の世界］というようなことしか書けないんですよ。

それで、佐山聡の話である。

□前田の発言

（佐山聡はショージ・コンチャとつきあい始めてから変わったの？　という質問に）**オレはそう思いますね、なんでかっていうと、佐山さんがイギリスから帰ってきて、タイガーマスクで試合をし始めたときに、そのころはまだ合宿所の自分（＝前田）の部屋に同室していたんですよ。その時期、自分も寮生活だったんです。それで、そのシーズン、彼はタイガーマスクをやって、すごい反響を呼んだんですよ。そのときに、佐山さんがしみじみ言ったのは、「オレは新聞さんと猪木さんに感謝してるよ。オレみたいにちっちゃいのはどうなるか分からなかったのに、猪木さんと新聞さ**

んがこういうのを考えてくれて、本当によかったと思うよ」っていうことだったんですよ。「だから、前田もちゃんと努力したら、ちゃんと猪木さんや新間さんがやってくれるんだから、頑張らなきゃダメだよ」って言ってましたもの。

佐山さんと猪木さんがもめたのは、自分のギャラのことで、これがすごかったんですよ。佐山さんは二日に一回くらいずつサイン会があって、やれ芸能だなんだって、引きずり回されて、寝る時間もほとんどとれないっていうのに、猪木さんはアントン・ハイセルとかに会社の金をつぎ込んで、そのヘンにショージ・コンチャが介入していって、どうなっているんだみたいなことで、もめはじめたわけです。

（ユニバーサルのときも）タイガーマスクをやれば受ける、でも、それをやらなかった。これはやっぱり、当時のタイガーマスク人気を経験していたら、（「おれは人気者なんだ」と）勘違いしちゃいますよ。猪木さんの人気も越えてるんじゃないかと思うくらいすごかったですからね。（佐山さんのタイガーマスクは）小っちゃかったから、メーンエベンターじゃなかったですね。当時、新日本プロレスは年間１８０試合くらいのはずなんだけど、それが２３０試合あって、全試合超満員だった。あのころ、藤波、長州力、オレもいたからっていうんだけど、それで２３０試合、超満員になるかっていったらそれは無理だと思うんですよ。

タイガーマスクの、青少年への、とくに子供たちのなかでの人気、あと、『タイガーマスク』を漫画として読んで知っている、そういう人たちを根こそぎ集めていましたからね。

それで、当時、佐山さんはサイン会で一回、百万円もらっていましたよね。何度もいうようだけど、大卒初任給十二、三万円の時代ですからね。それが始終のことなんですよ。どうしてそれを知っているかというと、山崎が付き人をやっていていっしょに付いて行くんですけれど、終わったあと、「これ、御弁当代」っていって、佐山さんから十万円ずつもらうもんだから、山ちゃん、急に景気が良くなって、オレらも奢ってもらっていましたからね、これは新日本時代のことですけど。

ＵＷＦに移っても、新日本の時に近いくらい、一日に一回くらいサイン会やってましたよ。いま、芸能人が月収何千万とかいうじゃないですか。当時の佐山さんも月収でいったらそんなだったと思いますよ。あの人、高い車を買うわけじゃないし、家を買うわけじゃないし、お金を持っていたと思いますよ。

当時、スポーツコネクションというアスレチッククラブがあって、そこの系列で、最初、用賀でジムをはじめたんですけれど、これは超満員で、（そのあとショージ・コンチャと仲違いしてＵＷＦに来た後、池尻で始めた）スーパータイガージムも超満員だった記憶があります。

佐山はこの時期から雑誌のインタビューなどで［格闘技］という言葉を使い始めているのだが、それは昔ながらの意味合いのもので、プロレスと対立するような概念のものではなかった。真の格闘技とか新しい格闘技といっても、そのなかにプロレスも入っていたのである。佐山のこんな発言がある。

■佐山聡の発言　ＰＢ　タイガーさんの考える格闘技とはどういうものかな。

タイガー　プロレス、イコール格闘技。これが僕の信念です。自分でもそれに向かって、追求しつづけてきました。ＵＷＦに移った藤原さん、前田、それに高田。みんなはプロレスバカというか、セメント（真剣勝負）だったら、誰にも負けない強者です。

ＰＢ　前田選手は猪木さんからＵＷＦへ行けと言われたときいていますけど。

タイガー　前田はぼくが悩んでいたとき、彼自身もフロントに対する考え方で、ものすごく悩んでいたんです。あの時は、新日本を辞めて、大阪で商売しようとか……。そんな矢先、猪木さんから言われたので、いいチャンスだと思ったんです。それにＵＷＦは新団体で、自分が中心になって創っていく団体だから、「プロレス＝格闘技」の路線が追求できる。ＵＷＦはそういう団体であり、だからぼくも参戦できたんですよ。

ＰＢ　タイガーさんの新格闘技とプロレスはどこに接点があるんですか？

タイガー　ぼくの格闘技というものは、ＵＷＦのマットでファイトする、ぼくの戦法となっていく可能性があるということです。つまり、藤原さんにしろ前田にしろ、あの人たちはレスリングを格闘技として考えている。その気持ちは、金銭などというものを、はるかに超えた、高い次元のものなんです。

ＰＢ　ということは、タイガーさんの考えと一致している。

タイガー　そうです。殴る、蹴る、関節を攻める、プロレスイコール格闘技とは殺し合いになるわけで、我々の理想を追求していけば、残酷なパンクラチオン（古代ローマの生死を賭けた格闘技）にゆきつくことになるんです。それをいかにセーブさせて、現代の常識の線にマッチさせていくか

という問題が、ＵＷＦのフロント、我々レスラー全員の課題だと思います。（略）
ＰＢ　タイガーさんは今後、どういう生き方を目指しているのかな。
タイガー　ＵＷＦの無限大記念日を皮切りにその後のＵＷＦのシリーズに参加します。全日本に出る話があったとき、ぼくは反対したんです。（略）全日本のマットはアメリカの大きなキャベツだと思うからです。ただ、ぼくの活動に関しては、うちの会長に一任してますから、可能性としてはどうでしょうか。
タイガー・ジム会長　たとえ全日本のマットにあがってもタイガー・ジム所属というかたちをとります。とにかく全日本に限らず、他のリングにあがる可能性があるということです。（略）
ＰＢ　最後に自信のほどを聞かせてください。
タイガー　先日、藤原さんと会って「やっと、そろったな（セメント・スタイルのレスラーが）」と言って笑い合ったんです。セメントで結束している藤原一家。おれたちでいままで見たこともないような団体を作るんだというエネルギー。真の格闘技者の誇りをもつレスラーが集まり最高の畑、最高の肥料のなかで目指すパンクラチオンへの夢を実現させて見せます。
（『週刊プレイボーイ』１９８４年8月14日／21日合併号42頁）

このインタビューは佐山がＵＷＦに参戦することを初めて明らかにしたときのものだ。ＰＢとのやりとりに、佐山「ぼくの活動に関しては、うちの会長に一任してます」会長「（どこのリングにあがっても）タイガー・ジム所属というかたちをとります」というやりとりがある。

これは記者会見前の発言なのだが、六月二十九日の記者会見の席にはタイガー・ジム会長であるショージ・コンチャの姿はなかった。この関連のことが、最終的に第一次UWFの命取りというか、社長だった浦田失脚へとつながっていく。また、佐山はあとからこんなことを言っている。

●《俺に浮かんだアイディアとは、旧UWFのリングを（新格闘技の）シューティングのリングに変えていこうというものだった》（『フルコンタクトKARATE』1989年10月号〈『1984年の～』143頁〉

これはことがあってから五年も六年も経ってからの後付けの説明で、その時点ではフェイクの取り決めの代わりにルールを持ち込んで、勝敗を客観化したい、という考え方程度のものだったのではないか。前田の分析である。

□前田の発言

佐山さんがユニバーサルを辞めて何年もたってからこういうことを言っている裏側には、当時のユニバーサルは回りからは藤原さんを中心にした団体だったと思われていたんですが、それをイメージだけでも自分中心の団体だったと思わせたい、と考えたんだと思うんですよ。それで、ルールとか言いだした。自分たちには「ルールがあった方がリアルに見える。世間に真剣勝負のように見せるためだ」っていう説明をしたんですけれども、佐山さん以外のレスラーは誰も真剣勝負なん

ていう言葉は使っていませんよ。それは佐山さんが一人で言ってたことですよ。

それでも、ＵＷＦスタイルの試合を何度も積み重ねていくうちに、前田にも徐々に未来的なヴィジョンが見えてきた。そういう意味では前田のＵＷＦも佐山のシューティングも同じ穴の狢である。

●天才佐山聡には、ゴッチが懐かしむ古きよき時代のプロレスへの郷愁はない。タイガーマスクという過去の栄光への執着もない。さらに言えば、ＵＷＦという団体への思い入れもない。ガス灯時代のプロレスだろうが、タイガーマスクだろうがＵＷＦだろうが、それらは「結末の決められたエンターテインメントであり、真剣勝負ではない」という一点で等価であり、佐山の関心からは外れるのだ。

（『１９８４年の～』１９６頁）

前出の『プレイボーイ』でのインタビューと真逆のことを書いている。ここだけ見ても、柳澤の本のなかのユニバーサルの部分で描かれる佐山の心模様が、ほとんど柳澤が創作して書いた、前田は無能で低劣なレスラーという文章と同程度の作り話だということがわかる。

このころの前田と佐山はプロレスと格闘技との二項対立の問題については似たもの同士だった。

佐山と前田は同じ穴の狢

目の前にある、現状のプロレスをなんとも納得できないというところでは共通していたが、ふたりはそれぞれちょっとずつ違っていた。ただ、フェイクの代わりにルールを持ち込んで、勝敗を客観化するという発想を具体的に条文化して見せたのが佐山であったことはまちがいない。前田の方は理想と現実をどう調和させるかという、もっと根底的なところで苦しんでいる。前田は本能的で、佐山は理屈っぽかったのだ。

8月29日
ビクトリー・ウィークス第一戦。高崎市中央体育館、観客動員約3500人（満員）。8月30日　第二戦。岡谷市民会館、観客動員約2200人（満員）。8月31日　第三戦。古河市体育館、観客動員約2000人（満員）。9月2日　第四戦。長野・戸倉町綜合体育館、観客動員約2000人。

ビクトリー・ウィークスの観客動員について、編者が書き添えているのは日本スポーツ出版社が1999年に出版した『UWF世紀末読本』に書かれていたもので、これは主催者発表の数字である。

●ビクトリー・ウイークスの観客動員は決して好調とはいえなかった。8月29日の高崎市中央体育館、30日の岡谷市民会館、31日の古河市体育館の観客動員はいずれも振るわず、9月2日の戸倉町綜合体育館の観客席はさらに閑散としていた。

（『1984年の〜』165頁）

佐山はタイガーマスクとして振る舞えば、団体のなかのみんなに一般ウケする人気がある（と思われていた）から、みんな腫れ物に触るようにして応対していた。みんな、佐山がタイガーマスクみたいなプロレスをやってくれれば、観客に大受けするのにと思っていたのだが、彼自身は絶対にそういうプロレスをしようとしなかった。仲間が仲よく合流したはずだったが、前田に言わせると、実際はこんな感じになってしまったという。

□前田の発言

佐山さんが入って「シューティング・プロレス」路線を作っていったというのは完全な誤解ですよ。（無限大記念日の前に道場に）みんなで集まって、どうしようかって相談したんですよ。オレは佐山さんがあれだけ偉そうなことを言ってるんだから、なんかアイディアを持っているんだろうと思っていたの。ところがあの人、なんのアイディアもないんですよ。具体的に試合の形をどうするか、なんも考えつかなかったんだと思いますよ。それで、仕方なくというか、自然に藤原さんを中心にああしようこうしようという相談が始まって、試合の形を作っていったんですよ。

ＵＷＦの試合の形を作ったのは佐山さんじゃないんだよ。基本の形は藤原さんなんですよ。佐山さんがあとから（技術的なことについてルールという）理屈を付ける形になったんです。マッチメイクをやっていたのも藤原さんです。

「プロレスでは（アントニオ）猪木にかなわない。俺らは道場でやっていることを生かしてやるスタイルをつくろう」っていちばん最初に藤原さんが言った。そのままやったらお団子状態になるのでプロレスの要素も取り入れながらやったのがＵＷＦスタイルで。藤原さんが試合になるようにうまく作ったんだよね。そのときはっきり言って佐山さん何もできなかったよ。オレらもシューティングやってるということに期待してたのにアイディア何もなかった。

藤原さんという人は、そういう、オレがオレが、というような自己主張をあんまりしない人だから、何も言わないでいるけど、オレから言わせれば、ＵＷＦの試合のスタイルはまず、最初に藤原さんのプロレスなんですよ。それで、だいたいＵＷＦの試合の形ができ上がって、このままではけが人が多すぎるとかもあって、言い訳を作るために、佐山さんがルールをこうしたらどうだろうという、文章にしたモノを持ってきた。それもシューティングがどうこうということじゃなくて、ＵＷＦの試合のルールですよ。オレたちがやっているのはこわし合いじゃなくてスポーツなんだと言い訳するためにルールを作った。それを、じゃあ試しにそのルールで一回やってみようかという話になっていったんです。

やってる俺たちにしても半信半疑で、どこまでファンの支持が得られるんだろう、って不安が正直ってありましたよね。あの頃は全員、疑問に思っていたでしょう、全員。そういうふうな方向に行った。もうスーサイド・アタック、神風攻撃みたいな感じで、当たって砕けろ、でしたね。なるかならないか、やってみなきゃわかんないじゃないか、って。それで行くしかなかった。でもウチはゴッチさんがいたから「頼みの綱はゴッチさん」と思って、気持ちの上ではなんとかなるだろうと思って、やっていましたよ。ところが、佐山さんは、「いっちょう事あらばいつでも退いてやるぞ」

みたいなそぶりを見せるんだよね、最初から。

それでやっているうちに佐山さんは「オレの言うことを聞いてくれないとオレは辞める」と。事務所でもみんなにもそれを言うし。困ったんだよね、佐山さんいないと飯食えないだろうというのもあったから。浦田さんが「佐山さんを何とかしてくれないか」とオレに言ったくらいだったからね。

前田はこの話を編者としながら、携帯電話を取りだして、その場で藤原に電話して、そのことを問いただした。電話で話し終わって、こう言う。

□前田の発言

藤原さんもはっきりしたことは忘れちゃってるんですけど、無限大記念日だけはオレがマッチメイクしたと言っています。オレや佐山にいうこと聞かせるの（負けを受け持たせるのが）大変だったっていってるんです。どっちにしてもマッチメイクの中心になっていたのはオレや佐山さんじゃないですよ。

■藤原の発言　――（前日、道場に四人で集まって相談したという話ですが）藤原さんとしても模索しながらの試合だったんでしょうか？

「道場に集まった？　夜？　憶えてねぇなあ。俺、憶えてないよ。俺が憶えてるのは…会議の時に〝今までのプロレスをやっても新日本や全日本には勝てない〟とは言ったよね。俺の頭にずっとあったのは、新日本時代にスパーリングをやっていたのを観ていた記者が、何だ試合よりこっちの方が面白いや、と言ったことなの。誰かは憶えてないけど、そういうことを言った記者がいたんだよ。だから、そういうスタイルの方がいいんじゃないの？　みたいなことは言ったけどね」

――それに佐山さんや前田さんたちは同意したんですか？

「面と向かって〝そうですね〟と言う奴はいなかったし、〝いや、違うでしょ〟と言う奴もいなかった。まあ、俺の記憶ではだよ…最近、何だかＵＷＦに関する取材が多いんだよな(苦笑)。時間が経ったせいか知らないけど、関係した本を読むと、みんな言ってることが自分の都合のいいように変わってるような気がするんだよね(苦笑)。人の悪口を言ったりさ。そういうのを読むと、気分悪いからさ。俺はホントに真実だと思っていることしか言わないからね。忘れたことも言わないしな」(略)

――84年11月15日、後楽園ホール『イヤーエンド・スペシャル』開幕戦のメインで行われた藤原&木戸vsタイガー&前田戦ですかね。藤原さんが40分16秒、タイガーに三角絞め勝利しています。

「その時に、俺は主力選手をボーンとメインに持ってきちゃったんだよね。下のカードはガイジンばかりで、これじゃあ、つまらないから上の人間を散りばめた方がいいんじゃない？　と言った奴がいたけど、いや、メインさえ良ければ、大丈夫だからと言ったのは憶えているんだよ」

――佐山さんは、〝藤原さんと相談しながら、２人で引っ張っていた〟と言っていましたが。

「そうだろうね。キャリアが古い順からいったら、俺と佐山だからね」

(『Ｇスピリッツ』２０１７年８月５号　32頁)

この問題はＵＷＦがどういう形で、誰の主導で運営されたか、誰がマッチメイクしていたのかというという重要な要件と関係しているのだが、そのことの確定は後回しにして先を急ごう。

この章の１１３頁でも触れているが、佐山が人柄が急に変わって、徹底的に変化していくのはやはり年が明けて、浦田が留置場から出てきて以降のことだったようだ。ジムという新しい拠点を得て、そこを中心にしてものを考え始めるのである。

当然、ＵＷＦは彼にとって、この後、自分の趣旨に沿って変わってもらわなければならない関係集団になっていく。ここから自分の考えを周囲に押しつけて、言うことを聞かせようとすることが始まる。これは、具体的には浦田の釈放（一月十八日）よりもスーパー・タイガー・ジムのオープン（一月二十一日）の方に重要な意味があるのではないか。

前田の証言では、この時点でもうＵＷＦは経済的に相当逼迫し始めていたという。それで、背広組の給料の支給は遅れたようだが、レスラーは最後まできちんと決まった月給をもらいつづけることができた、という。

それにしても、柳澤はどうしてこんな初歩的なミスを連発する文章を書いているのだろうか。締め切りが切迫していて、焦ってなんでもいいからと思って書いてしまったのではないか。

まず、このミステイクは柳澤の頭のなかにＵＷＦについてのしっかりした基礎年表が入っていないところから始まっている。団体の状況・環境がどう推移していったか、きちんと整理・認識できていないままに原稿書きをしているから、更級の、悪いけど妄言に近い回顧談を虚偽と見破ることができないでいる。そこから狂っている。

それで、ユニバーサルの一番最初のリーダーが前田日明だったなどと書いてしまうのだ。

前田日明がこの団体は自分が中心になって仕切らなければと考え始めるのは、この時期ではなく、佐山がやめてしまい、浦田もいなくなった85年の秋以降、ユニバーサル（第一次ＵＷＦ）が崩壊する寸前からのことである。それも藤原に「お前に任せるから好きにしろ」と言われてからのことだ。政治的な交渉能力を持っている人間がひとりもいなくなってしまった、末期的な状況のなかで、俺がやるしかしょうがないんだなと思いはじめる。

柳澤が書いた文章は基本的な設計図のところで間違っていて、材料の選びで間違っていて、最後の仕上げのところでも間違っている。まず、このころの前田は自分をＵＷＦのリーダーだと思っていたわけではない。したがって、藤原が加入したからといって、藤原にリーダーの座を譲ろうなどと考えることなどあり得ない。藤原はそもそもの素性が一匹狼で、必要以上の人の世話などしたくない人だった。それから、材料選びが違う。わけが分からない更級の証言である。

ちなみに更科四郎はインターネットの『Dropkick』というプロレス格闘技マガジンのなかでもインタビューを受けているが、そこではゴッチの入浴&発言事件については一言も触れていない。

9月11日

年表の九月十一日に戻ろう。

ビクトリー・ウィークス第十戦　東京後楽園ホール　観客3250人（超満員）

この日のメーンエベントはＵＷＦ実力№1決定戦と銘打った試合で、Ｓ・タイガーと前田日明の時間無制限一本勝負だった。この試合について、『１９８４年の～』は、こういうふうに書いている。たぶん、柳澤はこの試合の映像資料をチェックしていないのだと思う。もし、見ていたら、こんなふうには書けないだろう。

●スーパー・タイガーと前田日明の試合は、４日前のスーパー・タイガー対藤原喜明の試合に引き続いて「ＵＷＦ実力ナンバーワン決定戦」と銘打たれていたから、藤原、前田を立て続けに破ったスーパー・タイガーこそ実力ナンバーワンのレスラーだ、と観客は見た。（『１９８４年の～』　１７６頁）

編者はこの日の前田と佐山の試合を何度かユーチューブで見ているが、両者のやりとりは別にして、場内からは終始一貫して猛烈な前田コールがつづいていて、前田を応援する観客の熱狂がすさまじい。半年たたない四月の旗揚げ戦で屈辱的な猪木コールや長州コールを受けたときとは大違いである。これは映像を作った人が後付けで前田に対する声援をくっつけたのだろうか。

わざとではないかと思うくらい、前田に対する声援が圧倒的である。スーパー・タイガーを名乗ることになった佐山はどういう気持ちでその波のように押し寄せる前田コールを聞いていたのだろうか。声援は圧倒的に前田に集まっていて、佐山は完全なヒール扱いである。

試合は　○S・タイガー［羽根折り顔面絞め　18分55秒］前田日明●　という決着になる。

たぶん観客は佐山にタイガーマスクのプロレスをもとめていて、彼を人気者にした軽業のようなプロレスをやろうとしない、敏捷ではあるが跳んだりはねたりしない、体のちいさいスーパー・タイガーにはそれほどの魅力を感じていなかったのではないか。わたしの書いていることに疑問をもった読者は、この試合をユーチューブで確認してみてほしい。

また、柳澤は同書のなかで、新生UWF時代の前田日明の体型について「練習不足は誰の目にも明らか。胸も腹も腿もゆるみ」（312頁）と書いている。しかし、ユニバーサル時代の佐山の体型の酷さは前田以上だった。細かいことだが、同書の70頁と187頁の写真を比べるとそれがわかる。このころの佐山の身体はトランクスの上に贅肉が溢れ、腹はビア樽のようになり、胸が垂れてしまっていて、身体を作っていないのがはっきりわかった。

前田の体型を批判するのであれば、佐山の肥満体も批判しなくてはならない。

新生UWF時代の前田日明の体型については、前田本人からこう聞いている。

□前田の発言

とにかく、毎日、リング外の芸能やマスコミの取材とか、いろんなことをやらなきゃならなくて、練習をする時間も取れなかった。怪我したところが痛みを再発させたり、身体の調子がどんなに悪くても自分が休むわけにいかなかったんです。だから、身体の調整をする余裕もなかった。新日本

を初めとする、団体の外部との交渉だって、最終的にオレが行かなければ話がまとまらなかったんですから。

さて、それで、①〜④の最後の④佐山聡こそ総合格闘技の提唱者であり、総合格闘技成立の最大の功労者である、という問題である。ここで登場するのは若林太郎なる人物である。

この人の役割は、１９８４年には存在していなかったはずの総合格闘技という概念が佐山聡から始まったものだということをさりげなく、当たり前のように語ってみせることである。

この言葉は、柳澤自身も同書の前の方（51頁）で持ち出して、「佐山聡が一九七〇年の半ばにいまでいう総合格闘技を構想し、実現に向けて歩き始めた」と書いて、わたしたちをあきれさせているのだが、その延長線上にある記述である。そのことについて、わたしはそれを法学的にいうと「事後法的な誤謬」と書いたが、若林太郎がやっていることも同様である。柳澤はどうも、こういう歴史的な用語の適切な使い方というのがわかっていないらしい。

●「プロレスを歌舞伎にたとえると、猪木さんは大向こうを唸らせる不世出の千両役者、その世界観からはみ出して、いきなり前衛の現代演劇に行ったのがＵＷＦです。時代を先取りして大衆を扇動する寺山修司のようなアーティストが佐山聡さん。『週刊プロレス』のターザン山本さんはもともと映画畑の人だから、超マイナーだけど前衛的なＵＷＦに肩入れした。１９８４年のＵＷＦはプロレスの青春時代でした。

空手をやっていた前田日明さんにも、打撃を組み入れた格闘技的なプロレスという発想はあったはず。大技の連発ではなく、サブミッションとキックを主体とする観客に痛みを感じさせるプロレス。異種格闘技戦のような凄みを持つプロレスをやろうと考えていたのが、旗揚げシリーズ最終戦の蔵前国技館（１９８４年4月17日）での藤原喜明戦だったのでしょう。それは決闘とでも言いたくなるような試合でした。

でも佐山さんには、前田さんより遙かに明確な〝総合格闘技〟というビジョンがありました。決闘ではなく競技。異種格闘技戦から一歩進んだ〝競技としての総合格闘技〟というコンセプトを、プロレスという枠組の中で見事に提示して見せたんです」（『１９８４年の～』２１５頁）

柳澤は若林太郎を「（多くの若者たちが）佐山聡の主導するＵＷＦの先鋭的なプロレスに強く魅了され、後楽園ホールに通いつめた。のちにリングス、Ｋ―１、修斗にプランナーとして関わることになる若林太郎もそのひとりだ」（２１５頁）と書いているのだが、佐山のプロレスに魅了されたのだったら、どうして一番最初にリングスに就職したのだろうか。

□前田の発言

若林がリングスにいたのは一カ月半くらいのことなんですよ。あれ、クビにしたんですよ。オレがそう言ってるって、はっきり書いていいですよ。リングスでプランナーをやっていたとかいうんだけど、リングスにプランナーなんていう仕事はないですよ。オレが指示して何かを調べさせたり、

雑用を言いつけたりしていただけ。ところがアイツはリングスにやってきて、選手を勝手にほかのところにブッキングしようとしたり、仕事相手からマージン取ったりしはじめた。それで、やめさせたら、K—1に行って、そこもすぐまたクビになって、ついこの間、修斗でもお金に関する事件を起こしてそこも罷免されたんですよ。自分が「アイツ、問題あるから使わない方がいいよ」って言い続けているから、オレのことを恨んでるんじゃないですか。とにかく、この世界、ああいうヤツが多すぎなんですよ。

これは前田が「オレの言うとおりに書いていいです」と言うから、祐筆として指示に従った。

それで、柳澤の説明だが、佐山が目指していたのはシューティング＝真の格闘技であり、それがどういうふうにＵＷＦのプロレスにつながっているのか、「ＵＷＦのプロレス＝格闘技、これが僕の信念です」という説明以上の説明はないままで、当時のプロレス雑誌をいくらひっくり返して読んでも、シューティングが真剣勝負、真の格闘技であるという説明はあっても、ＵＷＦのプロレスとどう違うのかは説明がない。

これはたぶん、プロレスがそもそもワークである（勝ち負けを前もって決めて臨む競技である）という認識が読者の方にもなく、原稿を執筆するライターの側も絶対的証拠をつかんでいるわけではなく、公然とそういうことを書くことのできない業界状況があって、いわばグレーゾーンで原稿書きがおこなわれていたせいだと思う。

総合格闘技という言葉がなかった時代

すでに説明したとおり、この時代はまだ、ミスター高橋の著書も、総合格闘技という概念もこの世に存在していない。そこにむりやりこの言葉を持ってきて、アントニオ猪木が千両役者で佐山は寺山修司だなどというポンチ絵のようなあてこすりを書きながら、佐山がやろうとしていたことがのちの総合格闘技そのままなのだなどと書いてしまう。

すでに書いたように、総合格闘技という言葉自体は前田日明がさまざまの試練をくぐり、必死で自分の立ち位置を考え、いろいろな資料を読み込んで、自分のやっていることを明確に自覚した上でたどり着いた概念なのである。それを、佐山がやっていたことは総合格闘技だったという発言こそ、剽窃である。

それでこの章の最後になるが、125頁のところでペンディングにしていたUWFのマッチメークは誰がやっていたのか、その問題に戻ろう。藤原の当時のマッチメークについての記憶が曖昧であることはすでに書いたが、前出の資料だが、『Gスピリッツ』のなかに北沢幹之と上井文彦、寺島幸男の三人の座談会があり、そこではこんな会話が交わされている。

■上井文彦、北沢幹之、寺島幸男の証言　上井　今と違って当時はレスラーと営業の間に垣根があったので僕は全然知らないいんですけど、あの後は誰がマッチメークをやっていたんですか？

北沢　藤原。現場は藤原が中心で動いていたから。
上井　えっ、そうなんですか⁉　僕は空中（正三レフェリー）さんがやってるのかなと思っていたんですよ。
北沢　空中は（カール・）ゴッチさんと一緒に自分の後から来て、無限大の時はまだいなかったしね。
寺島　ＵＷＦは藤原さんが主体になっていたことは間違いないですよね。藤原さんを中心に、みんなで固まってやろうよという感じで。その頃、前田さんはあまり口出ししなかった。
上井　外国人のブッキングは、ラッシャー木村さんと剛（竜馬）ちゃんがやっていましたよね。剛ちゃんは、「ブッキングメーカー」と書かれた名刺を持っていましたから。あとはマッハ（隼人）さんがメキシコ人を呼んだり。
寺島　後から来た木戸（修）さんも権限というか、発言力があったよね。あの中で一番の先輩は木戸さんだから。団体を引っ張って行ったのは、藤原さんと木戸さんじゃないのかな。僕は道場を提供しただけで、興行を買ったことはないんだけど、その辺はどうだったの？
上井　正直言って、佐山さんが来ても厳しかったですよ。（略）もし佐山さんがタイガーマスクでやっていたら、違ったでしょうね。営業はどうしても、そういう考えになってしまうんですよ。
――上井さんは、新日本の黄金時代も知っていますからね。
上井　佐山さんには申し訳ないですけど、名前がスーパー・タイガーだと地方では費用対効果はあまりなかったかもしれません。かろうじて良かったのは、東京と大阪。
――要は、プロレス専門誌などを読んでいる人口が多い土地ということですよね。

上井　だから、会場に来ていたのはプロレスファンというよりＵＷＦマニアですよ。新日本でも全日本でもない新しいプロレスが生まれたから、そこを応援しようという判官びいきの人たち。佐山さんが合流した後、どこかの体育館で「プロレスやれよ！」みたいな野次が飛んだんです。そうしたら、前田さんが「ロープに飛ぶプロレスが観たかったら、新日本に行け！」と言ったんですよ。あれは衝撃でしたね。お客さんに向かって、そんなことを言うのかと（笑）。だから、それくらいリング上は「俺たちのやりたいプロレスをやる」というのが巡業でもどんどん確立されていったんですよ。ロープワークのないプロレスが。

――それを主導したのは？

北沢　佐山か、藤原か…どっちとも言えないんじゃないですかね。ただ、前田ではないです。

寺島　どっちかと言ったら、藤原さんだろうね。

上井　確かに選手の側で会社の会議に出るのは、藤原さんと木戸さんでしたから。そこでいろいろ話をするのは藤原さん。会議は、しょっちゅうやっていたんですよ。事務所側と選手が同じ問題を共有しないといけないので。たとえば、ちゃんこ銭がないとか選手の方で問題になるわけです。そういう意見をまとめて、藤原さんが会社に持って来るんですよ。佐山さんが普段の会議に来た記憶はないなあ。たまに前田さんは来ることはあったかも。（『Ｇスピリッツ』２０１７年８月５日　42頁）

このことについて、佐山は同じ雑誌のなかで行われたインタビューで次のように答えている。

■佐山聡の発言――　ところで、旧UWFは誰がマッチメークをしていたんですか？
「マッチメークは…藤原さんと僕かな。僕は前田を上げたかったんですよ。でも、藤原さんに言われていたのは〝前田はまだ早いから。俺たちが引っ張るしかない〟と。当時、前田はまだ試合がうまくなかったですから、藤原さんはそう言ったと思うんですけどね」

――　当時の前田さんの決め技は、卍固めが多かったですね。

「まだ意識改革がなされていなかったのかもしれませんね。ただ、僕は上の方だけで、細かくカードを決めていたわけじゃないんですよ。下の方は藤原さんが組んでいたんじゃないですかね。木戸（修）さんに上の方でやってもらおうというのも僕が提案しましたね」

（『Gスピリッツ』2017年8月5日号10頁）


多分、佐山が言う「上の方の試合だけボクが絡んだ」というのは、前田が直接電話して聞き出した藤原の言う、「自分に関係した試合の勝ち負けだけは、なかなか言うことを聞いてくれず、苦労した」という藤原のコメントに重なっているのではないか。。要するに、このことを柳澤ふうに解釈すると、佐山は自分が負けるのがイヤでいつもごねていた、という書き方になるのだろう。

やはり、ここで佐山が言っていることにはチラチラと「オレが」と考えていたことが見て取れる。

「前田は試合がうまくなかった」という発言も他のどこにも書かれていないことだが、要するにダメなレスラー相手にいい試合を作ってみせるプロレス的な適応能力が低かったという意味なのだろうか。前田の強さは基本、ストリート・ファイトの強さで、ワークの巧みさではなかったのではないか。だから前田こそ、本質的に格闘技的なのである。ＵＷＦのプロレスとしての本質は、強いレスラーが強さを競うということだった。その意味でも、ＵＷＦの本質はレスラーとしての前田の本質に近いのである。

最後に、ＵＷＦのマッチメークは誰がやっていたかという問題だが、ここに当時の資料がひとつある。レフェリーを務めた空中正三についての記述である。

■『週刊ファイト』１９８５年5月21日号7頁　人間リサーチ　空中正三

最初は例によって外人係兼レフェリーとして活躍していた。それがＲ・木村と剛が抜けレスラーの絶対数が不足してきた。そんな時、マッハ（＝マッハ隼人）が脇腹を負傷した。窮余の一策として空中は用賀大会の特設リングでデビューした。それからはレスラー、レフェリー、マッチメーカーの一人三役をこなしている。日本のマットで四十歳を越えてデビューしたレスラーは、あとにも先にも空中だけだろう。

■『週刊ファイト』１９８４年10月23日号21頁　マット界舞台裏

Ａ　ラッシャー木村の新日復帰が決まったようだけど、あれはやっぱりＵＷＦと新日プロが裏取引をやったことなのかね。

Ｂ　俺は、現在、テレ朝がＵＷＦを相手取って起こしている藤原、高田両選手に関する損害賠償をご破算にし、そのかわりＲ・木村を新日プロに戻す取引が猪木—浦田会談で成立した、と〝解説〟

したんだけど、ちょっと見当違いだったようだ。
C　それじゃ真相は？
B　こうじゃないかな。木村と剛は、本人たちは否定しているけど、UWF内部で完全に浮き上がっていた。彼ら二人はプロレスラー。藤原らもプロレスラーには違いないけど、スタイルや練習方法が全然違う。藤原らの考えは、差別はしないが、練習をしない者は認めない、というものだ。ベテランの木村はともかく、剛は最近道場に顔を見せたことがなかったもの。
D　藤原は大人だし、別に木村とも剛とも問題はなかったようだ。ただ剛はブッキングやマッチメークに関係していたことで、カール・ゴッチが来てから以前にも増しておかしくなったようだな。ゴッチの娘ムコのミスター空中とも意見が合わなかったようだし。
A　当然、前田にしろ佐山にしろ、ゴッチのプロレスに共鳴しているから、リング外でも剛は浮き上がるはずだ。

これらの記述を読むと、薄ぼんやりとだが、UWFのマッチメークがどんな形でおこなわれていたか、見えてくる。要するに、試合の帰趨についての発言力はキャリアの古い順で、木戸、藤原、佐山、それに剛などの立ち位置を勘定に入れながら、たぶん、最初は藤原が、そのあと、ゴッチが団体といっしょに行動するようになってからは空中正三が間に立って、調整してきた、ということではないかと思う。空中正三というのはゴッチの一人娘のお婿さんで、ゴッチがもっとも信頼していた人間である。

ゴッチは団体をどうしなければダメだというような発言はしなかったようだが、具体個別のことの調整を空中にさせることで、団体の一番微妙な問題をクリアしようとしたのではないか。そのバランスを、浦田の出所後、にわかにシューティングにこだわり始めた佐山が崩していったのではないかというのが、推理である。

一月以降、彼ら（佐山と山崎）は、ＵＷＦの道場とは別にジムを持ちはじめた。山崎はそこのインストラクターだったが、道場の練習には参加していたようだ。佐山は試合会場以外では、他のレスラーとの接触もほとんどない状態になっていったと思われる。それでも柳澤は佐山をこんなふうに讃えて書くのである。

●ありきたりの技ではイヤだ。観客が見たことのない複雑な関節技で決着をつけたい。そんな佐山聡の意気込みが伝わってくる。試合は完全決着し、さらに一見地味に見える関節技でフィニッシュする。佐山が主導するようになったＵＷＦは、観客をごく自然に誘導していく。

「ＵＷＦはリアルファイトの格闘技を戦っている」という方向へと。（『１９８４年の～』１７７頁）

実態は全然そういうことではない。当時はそれぞれの団体によってショー的な要素の多少はあったが、プロレス自体がリアルな格闘技だと考えられていたのだ。その境界線はものすごく曖昧だった記憶があるが、何度も書くように一般のファン全員が「あれは八百長だ」などと考える風潮は二十一世紀になってからのことだ。かように、試合そのモノのマッチメークを主導していたのは、資料によれば空中と藤原である。

　佐山が主導するUWFとはどういう意味なのだろうか。年が明けてUWFのための実験的なルールを作り始めた佐山は別に大蔵の道場で他のレスラーたちといっしょに練習するわけでもなく、ただスケジュールに合わせて、自分のジムからやってきて試合をしていたというのだが、そういう佐山がUWFをどうやって主導したのだろう。前章の最後の部分にも書いたが、ビクトリー・ウィークスの最終戦（84年9月11日、後楽園ホール）の前田に対する、圧倒的な、熱狂的な声援を見れば、ここに書かれていることに無理があり、不自然だとどうしても考えざるを得ない。

　最終的に、佐山はUWFと袂を分かって、シューティング協会という狭小な考え方の鎖国型の格闘技団体の運営をしていくという立場にとどまるのである。実情は、柳澤の書くところとはだいぶ違う。ここで、また年表に戻ろう。

10月5日
ストロング・ウィークス第1戦　東京・後楽園ホール、観客動員約3000人（満員）。この日の午前中、旗揚げメンバーであるラッシャー木村と剛竜馬がUWFに退団届けを提出、離脱。10月6日　第2戦。世田谷区用賀駅前広場、観客動員約3300人（満員）。10月9日　第3戦。熊本市体育館　観客動員約2600人。10月10日　第4戦。福岡博多スターレーン、観客動員約3700人（超満員）。10月11日　第5戦。飯塚市体育館、観客動員約2100人。10月13日　第6戦。萩市体育館、観客動員約1800人。10月14日　第7戦。宗佐市サンリブ

四日市店駐車場、観客動員約２３００人（超満員）。10月17日　第8戦。姫路市厚生会館、観客動員約４０００人（満員）。

10月19日　第9戦。松江市総合体育館、観客動員約３２００人（満員）。この日、ユニバーサル・プロレスの事務所家宅捜索。社長浦田昇がタイガー・ジムのショウジ・コンチャ会長に対する恐喝容疑で逮捕される。

10月20日　ストロング・ウィークス第10戦。徳山市体育館、観客動員約２１００人。10月22日　第11戦。広島県立体育館、観客動員約５２００人（満員）。10月24日　第12戦。山形県体育館、観客動員約２２００人。10日25日　第13戦。福島市体育館、観客動員約２５００人。

11月15日　イヤーエンド・スペシャル第1戦。東京・後楽園ホール、観客動員約３２００人（超満員）。

11月17日　第2戦。長野県東部町町民体育館、観客動員約２６００人（満員）。

11月19日　浦田昇、恐喝容疑否認のまま起訴。

11月20日　第3戦。大津市皇子ヶ丘公園体育館、観客動員約２９００人（満員）。11月21日　第4戦。愛知・西尾市体育館、観客動員約２３００人。11月23日　第5戦。愛知・犬山市体育館、観客動員約３５００人(超満員)。11月24日　第6戦。飛騨高山市体育館、観客動員約２０００人。

11月28日　第7戦。穂高町総合体育館、観客動員約2400人。11月29日　第8戦。佐野市民体育館、観客動員約2300人。12月4日　第9戦。浜松市体育館、観客動員約3700人。12月5日　第10戦（最終戦）。東京・後楽園ホール、観客動員約3250人（超満員）。メーンエベントの藤原対S・タイガー戦で「ノーフォール・デスマッチ」が行われる。結果はタイガーの勝利（レフェリーストップ）

［1985年］

1月7日
サンライズ・ウィークス第1戦。東京・後楽園ホール、観客動員約3200人（超満員）。1月8日　第2戦。松戸市運動公園体育館、観客動員約2000人。1月10日　第3戦。市原市臨海体育館、観客動員約1600人。1月11日　第4戦。福生市民体育館、観客動員約2000人。1月13日　第5戦。豊川市体育館、観客動員約3200人（超満員）。1月15日　第6戦。飯田勤労者体育センター、観客動員約1600人。1月16日　第7戦。大阪府立臨海スポーツセンター、観客動員約4000人（超満員）。1月17日　第8戦。海南市立総合体育館、観客動員約2000人。

1月18日
浦田昇釈放。

1月20日　サンライズ・ウィークス第9戦。東京・後楽園ホール、観客動員約3200人（超満員）。

1月21日　世田谷区太子堂にスーパー・タイガー・ジムがオープン。

2月18日　パンクラチオン・ロード第1戦。東京・後楽園ホール、観客動員2018人（満員）。2月20日　第2戦、横須賀市総合体育館、観客動員1549人。2月22日　第3戦。松坂市総合体育館、観客動員1276人。2月23日　第4戦。泉佐野市民体育館、観客動員2021人（満員）。2月24日　第5戦　福岡・博多スターレーン、観客動員2305人（超満員）。2月26日　第6戦。北九州市西日本総合展示場、観客動員1083人。2月28日　第7戦。熊谷市民体育館、観客動員1356人。3月2日　第8戦。東京・後楽園ホール、観客動員2319人（超満員）。3月3日　第9戦。戸田市スポーツセンター、観客動員1380人。

試合ごとの観客動員を調べていくと、主催者発表でさえ大都市部ではある程度の人数が集まっているが、地方では満員という表示がなく、並んでいる数字もそのままでは信用できないものだったようだ。経営的には依然として赤字の状態が続いて、そこから脱却できずに苦しんでいる、というのが団体の現状だった。

第三章

1985年2月*日〜
1985年12月6日

対決と瓦解

佐山さんには佐山さんの
シューティングがあり、
僕には僕の
シューティングがある。

1985.8

ＵＷＦという急進的なプロレス団体のなかで生まれた新しいスタイルのプロレスを、佐山、前田、高田らの若いレスラーたちは次第に、フェイクとリアルと書けばいいだろうか、格闘技とプロレスが分化していったと書けばいいだろうか。二つの要素が対立した戦いと考えるようになっていった。佐山や前田はそれぞれ頭のなかで、それぞれプロレスから格闘技への道筋を模索し始めるのである。そのなかで、前田は理想と現実の狭間で苦しみ、佐山は彼自身が経済的に裕福だったこともあって、理想に向かってストレートに突き進もうとする。

前田と佐山はけっきょく、団体の将来の方向性を巡って対立せざるを得なかった。その対立が、具体的な形で火を噴いたのが、佐山と前田のあいだで行われたセメントの試合だった。

『１９８４年の〜』の前田と佐山の試合を取り上げた部分をＩ氏は以下のように分析している。

●９月２日の大阪府立臨海スポーツセンターで行われたスーパー・タイガー対前田日明は異様な試合だった、と現地で目撃した夢枕獏は書いている。（略）結局、佐山の急所を蹴ったとして前田が反則負けを宣せられた。（『１９８４年の〜』２３６頁）

○Ｉ氏の指摘　柳澤健は専門誌の記事を引用せず、この試合の詳述を避けたいかのようだ。佐山自身は次のように書いている。

■佐山聡の証言　あの日の前田は、とにかく変だった。最初からケンカをしかけてきた。もちろん、プロレスをやるつもりでリングに上がってた俺は、ワケがわからないよね。その間も前田は「辞めてやる、辞めてやる」なんてつぶやきながら、つっかけてくる。

1年後には、前田をエースに立てようという路線もあったし、今ここで辞めてどうなるわけでもないから、俺は前田をリングの上で鎮めようと務めた。向こうはケンカのつもりでやってるから、振りも大きいし、じきに息も上がりはじめた。しかし、前田を説得することはできそうもなかった。レフェリーの方に目を向けても「お手上げ」という感じだった。そうこうしているうちに、前田の蹴りが急所の近くにとんできた。俺が〝急所打ち〟をアピールして、試合は終わった。――これが、俺と前田の〝ケンカ試合〟の顚末だ。（『フルコンタクトＫＡＲＡＴＥ』福昌堂１９８９年10月号10頁）

■竹内宏介の分析　この試合こそ前田にとっては佐山に現実を知らしめるための一種の制裁マッチであった。「戦いは理論じゃない！」と、いう自分の主張を示すために前田は己の格闘本能のおもむくままの妥協無き戦いを仕掛けた。前田vsＳ・タイガー戦は18分57秒、前田の反則負けという結果で唐突に終わった。この試合に関しても前田、佐山…それぞれに言い分はあるようだが、これを出し抜けに見せられたファンは〝強い前田〟〝守勢に徹したタイガー〟と、いう印象を残した。そして、結果的にこの試合がＵＷＦという団体の方向性を佐山色から前田色に大きく変える歴史的な分岐点となった。

（『プロレス最強神話は終わった』日本スポーツ出版社１９９９年刊89頁）

○I氏の指摘「UWFは佐山が言ってシュートの団体にしようとしたはずなのに、実際にシュート・マッチになると逃げる。佐山は口だけ。前田は勇気があり、強い」当時のファンはそう感じて、前田の株が上がり、佐山の株は暴落したのではなかったか。少なくともわたしはそう思った。その後すぐ佐山がUWFを去ったことも、逃げたという印象を与えた。

■『【格闘技&プロレス】迷宮Xファイル』2004年刊50頁
※前田日明VS佐山聡　文＝波々伯部哲也
全体会議では「団体活動を継続するには興行数を増やすしかない」という意見が出、ほとんどの選手は「やむなし」と思った。ところが佐山は断固「NO」を主張した。「選手のコンディション維持するにも、またシューティングをプロレスと差別化するには興行数を増やしてプロレス化するわけにいかない」。

佐山の主張も正しかった。後楽園ホールで新日プロを上回るほど人気が高かった旧UWFも地方での人気はさっぱり。一世を風靡した元〝タイガーマスク〟を大々的に宣伝文句にしたかった営業だが、佐山はマスクを被ってかつての戦い方に戻るのを拒否した。それどころか「地方ではプロレスをしていた」と公言し、むやみに興行数が増えるのを牽制。スーパータイガージムを生活基盤とする佐山は「プロでやるのが無理ならアマチュアでもいい」とさえ口にした。

旧UWFという団体の存在すら否定しかねない発言。社員にとっては死活問題で一気に前田エース待望論に傾いた。「佐山さんの頭の固さは何とかならないですか?」「前田さんがエースになってください」といった言葉を前田は何度も耳にしたようだ。前田は「他の人の生活を奪ってまでのシューティングにどれだけの価値があるのか？」と自問する。

佐山はこう語っている。

■佐山聡の証言　《俺と営業サイドの衝突は、ルール問題にとどまらなかった。興行を増やすか減らすかでもめた時もそう。営業サイドが、赤字だから地方興行を増やせと俺に言っても俺が譲らなかった、みたいな報道をされてたと思うが、（中略）事実は違う。元々、地方興行は赤字だから、打てば打つほど赤字が増えるんだ。だから俺は、黒字になる大都市だけを狙って月1回とか2回の興行方式にしようと主張したんだ。こちらの方が合理的だし、現に、今のＵＷＦ（注・新生ＵＷＦのこと）はそれを実行して成功しているじゃない。経営面を無視して理想論を振りかざした、とか言われると、ちょっと心外だ。》（『フルコンタクトＫＡＲＡＴＥ』１９８９年10月号）
（『１９８４年の～』２３９頁）

○Ｉ氏の指摘　地方が赤字なのは佐山がマスクを脱いだから、というのが営業の言い分であろう。第2次ＵＷＦで試合数を減らしたのは、それでも皆食えるようになったから。理想を現実化する力が佐山のいない第2次ＵＷＦにあったからであろう。月1回が後楽園ホールでは無理であろう。

佐山提唱の旧ＵＷＦの1シリーズ3週間で5試合というスケジュールは6人のリーグ戦とセッ

ト。ただしこれはスポンサーがついたという前提で立てた試合数、とは佐山も認めており、スポンサー撤退後は7試合に増やす所までは妥協していた。

■『週刊ファイト』1985年10月29日号4頁

――改めてお伺いしますが、UWF脱退の原因は、佐山シューティングの路線が維持できなくなりそうだったことですね。

佐山　ボクがT・マスクを辞めた時点からスタートさせたのが、シューティングという新格闘技だったわけです。つまり、一つの信念をずっと固守していた。でも、それがなかなか理解してもらえなかった。そのうち、シューティング路線がUWF内部で非難を浴びるようになったんです。

――すなわち、あの少ない試合数ではとうてい団体を存続させていけない、ということでしょう？

佐山　UWFはプロの興行団体だった。それがネックになりましたね。無論、ボクは興行団体としても、あの試合数は正しいあり方と思っていました。確かにスポンサーがついたという前提で立てた試合数でしたが。

――現実にはスポンサーはつかず、苦境に追い込まれた。当然、試合数を増やそう、となりますね。まず、食っていくことが第一ですから。

佐山　最終的に三週間で七試合という線を提案しました。しかしこれも難しい。それに単に試合数を増やしたからといって、必ずもうかるものでもありません。事実、地方興行ではお客さんが入らなかった。そこでシューティング路線をちょっと変えてプロレスにやや近づけようという案も出ました。

──生き残るためには、やむを得ない選択とも思えますが…。

佐山　ボクの感覚でいくと、ちょっと変えてもそれはやっぱりプロレスになってしまうんです。そうなると、ジムの練習生たちに絶えず言ってきたことも、なあーんだってなってしまいますし…。

●《ジムの選手には、言ってるんですよ。UWFの時のボクの真似をしちゃダメだよって。ボクは、UWFを、最終的に本物の真剣勝負にしようとしたんです。それで、ボクと浦田サンが中心になって進めていたんですけど、途中で、みんなから反発を食いまして、結局、最後まで、プロレスをやっていたんです。（佐山聡／『格闘技探検隊』1988年12月号）　　　（『1984年の～』308頁）

○I氏の指摘　前田は佐山戦でルールを破っていたわけではない。佐山は前田とルール内の真剣勝負をやればよかったではないか。『ケーフェイ』を出版するよりもよっぽどアピールできたであろう。結局、佐山は自分ではシュートをやらなかった。前田は少なくとも最後の試合をヒクソンとやろうとした。

前章の115頁以降で『週刊プレイボーイ』のインタビューを紹介しているが、佐山のコメントは明らかにダブルスタンダードである。現場での発言と五年後の回想とまったく違うことを言っていて、正直でウソのつけない前田と好対照である。

ここで再び、年表にもどって団体の足跡を追いかけよう。

【1985年】

2月＊日（日付けが特定できないため＊で表記した。）

このころ、浦田昇はボクシング、協栄ジム会長の金平正紀より豊田商事の永野一男を紹介される。グループの「海外タイムス」とひそかに業務提携を完了。グアム島合宿などの予定が公表され、UWFに新しいスポンサーがついたことが知られた。

3月15日

UWFのレスラーたちはビデオ撮影も兼ねたグアム島合宿を開始

3月26日

カール・ゴッチ来日。翌日よりUWFで選手のコーチにあたる。この中に中野龍雄や安生洋二がいた。

4月6日

フロンティア・ロード始まる。第1戦　木更津倉形スポーツ会館、観客動員1213人。8日、第2戦。越谷市体育館、観客動員1645人。12日第3戦。東京・後楽園ホール、観客動員2105人（満員）。14日　第4戦。大阪・万博お祭り広場、観客動員3837人。16日　第5戦。相模原市総合体育館、観客動員1745人。17日　第6戦。松本市総合体育館、観客動員1661人。18日　第7戦。諏訪湖スポーツセンター、観客動員1279人。20日　第8戦。

長野市民体育館、観客動員2850人。23日　第9戦。青森市民体育館、観客動員2139人。24日　第10戦。五所川原市民体育館、観客動員1871人。26日　フロンティア・ロード第11戦（最終戦）東京・後楽園ホール　観客動員2065人（満員）。この日、マッハ隼人の引退式もおこなわれる。隼人は「これからもUWFを応援してください」と挨拶。格闘技ロード・公式リーグ戦での優勝は木戸修。

5月2日

豊田商事系列の新聞社「海外タイムス」から巨額融資が決定。この日、事務所を新宿から赤坂に移転したUWFは社名を「海外UWF」に改称

5月18日

格闘技オリンピア始まる。第1戦下関市体育館　観客動員3800人（超満員）。20日、第2戦長崎国際体育館　観客動員2235人。21日、第3戦八代市総合体育館　観客動員2047人。23日、第4戦福岡・博多スターレーン　観客動員2855人（超満員）。27日、第5戦大阪府立臨海スポーツセンター　観客動員3130人（満員）。テレビ東京が『世界のプロレス』内で月1回のUWF定期放送を開始する

5月28日　格闘技オリンピア第6戦徳島市立体育館　観客動員2982人（満員）。30日、第7戦大宮スケートセンター　観客動員2371人。31日　格闘技オリンピア第8戦（最終戦）東京・後楽園ホール　2368人（超満員）。

前章の冒頭でも書いたが、この時期についての『1984年の～』の文章の進め方は、柳澤の考えを主張するための根拠となる、最重要部分の一つである。

この時期にだけしかかつてタイガーマスクと呼ばれたレスラーであった佐山聡がUWFの活動に参加していないことが最大の理由だ。それは、［じつはUWFの歴史は佐山が作ったもので、佐山が関わらなくなったあとのUWFは堕落と退廃の足跡以外のものではない］という考え方でUWFの時間経過（歴史）を括ろうとする試みである。

UWFはルールがすべてという発想

しかし、それは実際の事実と付き合わせてみると歴史の実体とそぐわないことだとすぐわかる。

それでも彼は、あの手この手を使ってその考え方を強弁しつづける。前述したように、同書出版後のトークショーなどで、本人が「前田が佐山から剽窃したUWFを取り戻したいと思ってあれを書いた」と発言しているから、この本は週刊誌の特集作りのように、前もってタイトル（結論も）ありきの手法で書かれた原稿なのだと思う。

徹底したデータの調査と関係者へのインタビューを繰り返して行って、それで原稿を書く前にそういう結論に達して、緻密に論理を積み上げて、情理をくみ取って書くのであれば、読み応えのある作品が仕上がる可能性がある。

しかし、彼がなにをやっているかというと、UWFの主要メンバーについては、それこそ、前田だけでなく、藤原にも高田にもおそらく佐山にも取材していなくて、当時の資料の読み込みも十分でなく、そのころは外野の観客席から観戦していたような周辺の関係者から三十年後のコメントをもらっている。しかもそのコメントも自分の論理に都合のいい話だけ選び出して並べ書きしている。

前田を貶めるために書かれた作品ということは明白で、同書の至る所にちりばめられた前田に対する悪評価、論難、データ改変やコメントのねつ造なども、その証拠になる。

●ユニバーサル時代の前田日明は、団体内では常にエースとして扱われ続けたものの、観客の支持を集めることはできなかった。流れるように次々と関節技を繰り出す藤原喜明に比べれば前田の関節技は未熟であり、藤原が「速すぎて見えない！」と驚愕した佐山聡のキックに比べれば前田のキックは遅く、かわされることも多かった。

そのことを誰よりも自覚していたのは、じつは前田自身だった。〈ファンがオレに何を期待しているかわかっている。しかしオレは藤原さんのように関節技を何年も追求したのでもなければ、佐山さんのような天才でもない。一つずつ自分で納得しないことには次の段階へ進めない。〉（『週刊ファイト』1985年2月5日号）　（『1984年の～』249頁）

この部分は前田がプロレス的なギミックとして謙遜して言っていることをいいことに、それを、本人を貶めるためのネタに使っている。前提がプロレスであるのならば、関節技の有効性もキックの速度もプロレス的なものとして、また、前田の独白も自分のそのときにやっていたプロレスになぞらえて発言しているはずである。長州や田村の顔の骨にヒビが入ったことを想起すればわかるが、前田のキックは本気になったら相手の身体に強烈なダメージを与えるのだ。だから、当たりを加減してワザを放つ。柳澤は右のコメントをリアルな自己分析として扱って、前田を貶めている。彼の書く文章はすべて、この調子。プロレスの仕掛けを全部リアルとして解釈して、それを現実の人間の人間性の問題にすり替えて表現している。

それにしても、「ユニバーサル時代の前田日明は、団体内では常にエースとして扱われ続けたものの、観客の支持を集めることはできなかった」というのは何が根拠なのか。UWFは佐山主導で繰りひろげられ、前田はエースの座から遠ざけられたと書いたばかりではないか。観客の支持がなかったのは、佐山がみんながやってほしいと思っていたタイガーマスクのプロレスをやらないで、スーパー・タイガーと名乗っていたせいではないのか。。

UWFに佐山が参加していた約一年余の期間、彼が団体の思想的リーダーであり、実質的なエースであったということを、さらにはその一年間がUWFの七年に及ぼうとする歴史の意味の全てである、という考え方をして、なんとかそれを証明しようとする。しかし、ターザン山本や更級四郎に依拠して作ったはずのその土俵自体が虚偽的で破綻しているのだ。

これは細かく説明していくと、この作品全体の大きな特徴なのだが、どの出来事がどの程度の時間が経過したあとで起こったことか、その時間的経過のなかで何か他に、記録しなければいけないような団体の事実はないのか、そういう時制の問題の詳述を一切、省略しながら原稿を書きすすめている、ということだ。出来事と出来事の間には、そこに至るための人間的な営みが在り、そのためになにがしかの時間が経過するのだが、柳澤の本のなかでは、この時系列がほとんど省略されて、途中経過の経緯などにはほとんどふれずに、つまり、自分の考え方に都合のいい出来事やそれに関係した記述、証言だけを取り上げてそれを短絡的に、さらにいえば単純に組み合わせて文章を書いているのである。

たとえば、ユニバーサルのなかで、実際に佐山が提案したルールを試験的に運用してみようという話が成立して、正式発表されるのは八十五年の六月のことで、このルールを適用して試合がおこなわれたのは七月から九月にかけてわずか二カ月のことなのである。ルールは一応、このままやっていてたら負傷者が増えるばかりだから、なんとかしなければということから持ち込まれたもので、佐山が目論んでいたという、プロレスをシューティングに変えてしまうという話として会議にかけられたものではなかった。

□前田の発言

考えてみると、佐山さんがシューティングのために作ったといっているルールなんだけど、そのころ、シューティングには試合のできるようなレベルの選手もいなければ、試合もやっていなかったんですよ。本当はあのルールというのは佐山さんがＵＷＦでオレたちと試合をしながら考えたものなんですよ。つまり本当はＵＷＦのためにつくられたルールなんですよ。シューティングはあとからの話で、彼はそれをシューティングのために使い始めた。オレから言わせると、そういうこと

なんですよ。それをあとから、シューティングのためにつくったルールをＵＷＦが使っているっていう人たちがいるんですよ。

つまり、佐山聡はこのとき、とても政治的だったのだ。しかも、それも藤原や木戸がその佐山が作ったルールに不満を漏らして、現実のＵＷＦにそのルールを適用するのは無理だと判断した。ルールは、そういうベテランのレスラーたちのところから破綻していったのである。

『１９８４年の～』は佐山が団体に参加して、彼の作ったルールが第一次ＵＷＦ（ユニバーサル）全体を拘束していたような、時制の曖昧な書き方をしているが、現実には、会議の席での異論はなかったのかも知れないが、実際に運用しようとすると、そのルールのいろいろなところに対しての反発が大きく、ほとんど、その通りには通用しなかったというのが実情である。

このことだけに限らず、前田がこの時代の時系列のプロレス界の変化を並べた年表体裁の読みものを作ってみようと考えた大きな理由のひとつは、どういう出来事がどういう順番で起きていったか、そのことを改めて認識し直してほしいからだ。そうすれば、ＵＷＦというものが柳澤が書いたノンフィクションとは似ても似つかぬものだという前田の主張がわかってもらえると思う。

佐山主役のＵＷＦの通史というのは、当時のこまかい事情を知っていればいるほど、無理な相談なのである。資料を調べて、読み込めば読み込むほど、前田日明の言動の一貫性が目につく。他の登場人物は、ほとんどの人がその場その場での言うことが微妙に違っていく。

前田について言うと、発言と行動は一貫しているのだが、どういうわけか、周辺の人たちの毀誉褒貶は相半ばしていて、まことにフランス革命のマキシミリアン・ロベスピエールではないが、希代の革命家であると言う人がいれば、圧倒的なタイラント（専制君主）だと言う人もいる。編者は前田と親しい人間のひとりだと思うが、身辺で見ていて、彼に対する人物評で自分も同意見だなと思うのは、こんな内容のものである。

■川崎浩市（新生ＵＷＦ営業部員）の証言

こんなことを言っても信じてもらえないかもしれませんが、実は前田さんって感情をすぐ表に出す人ではないです。すぐ怒鳴ったり、キレたりという印象があるでしょうが、それはスイッチが入ってからのこと。それまでは御本人はいくつもの山を越えているんです。（略）すぐ感情を爆発させる方ではないことは間違いないです。事実、神さん（新生ＵＷＦの社長になった若者）に対する不信感をわりと早い段階から持っていたようですが、言わなかったわけでしょう。つまり押し殺していたんですよ。

（現代ビジネス『誰も語らなかった、新生ＵＷＦ消滅前夜と「その後」の真実』２０１７年４月21日）

編者も前田がビジネスを語ることの出来る、有能な、きちんとした見識と思想をもった人物だと思っているのだが、柳澤にとっては、それでは佐山の影が薄くなってしまうから、困るのである。

大人になってから、というか、ＵＷＦで苦労し、リングスを立ち上げて以降の、自立しはじめた前田は、歯に衣着せぬ物言いをするところが在り、もとを糺せば大阪のケンカ少年が散々に研鑽を積んで、インテリの行動派になったような人間だから、幕末の志士と同じで、敵を作っても平気なのである。それもあって、前田に怨みを持ってものを言う人もいる。

そんな評判の入り交じるなかで、まず、前田を主役の座から降ろせれば面白いと決めてから、取材、原稿書きに臨んだのではないかというのが塩澤の推測である。

『1984年の～』は時計にたとえると、最初の時間あわせをまちがえたみたいな話と同じで、最初から設定自体が狂っている、その間違いを最後まで引きずっている。だから、本全体が狂っていることになる。

プロレスライターの斎藤文彦はインターネット上のインタビュー記事のなかで、『1984年の～』がキャメルクラッチのことをキャラメルクラッチと書いて、書籍化するときに誰も間違いに気が付かず、校正されないままで刊行されてしまったことを、プロレスの知識のある人が誰も校閲として参加していないのではないかと嘆いている。このミスはさすがに増刷時には訂正されていたが、間違いのなかには極めて初歩的なミステイクもあり、わたし（塩澤）もあまり人のことは言えないから、それらのミスをいちいちあげつらうことはしないが、肌理の細かな校閲の労力を惜しんで本を作ってしまったのではないか。

これまで指摘し、説明してきたターザン山本のコメントの改竄、更科四郎の虚言、若林太郎の論理誤謬などの説明でその歪曲をそのままにした手放しの佐山礼賛、これによって同書が実態からかけ離れた、空虚なフィクションになってしまったことがわかると思う。

柳澤によれば、ＵＷＦは佐山聡が将来、シューティングという総合格闘技団体に作り替えていくための初歩的な段階にあるプロレス団体だったのだという。しかし、それは佐山聡がひとりでそう考えていただけのことで、実態は全然違う、精神的には藤原喜明を中心的なリーダーにした、それを前田や高田が支える団体だった。たとえば、こういう記述がある。

●古きよき時代のプロレスに回帰しようとするＵＷＦのレスラーの中にあって、佐山聡はただひとり未来の総合格闘技を構想し、その実現に向かって歩を進めていた。佐山聡の理解者はただひとり、社長の浦田昇しかいなかった。しかし、佐山聡の唯一の味方は突然逮捕されてしまう。

（『１９８４年の～』２０１頁）

浦田もたぶん、複雑な心境だったのではないか。この時点では彼もＵＷＦの成功の鍵は佐山がタイガーマスク時代のプロレスをやってくれることだと考えていて（ほかの営業マンたちもみんなそう考えていた）、それでなんとか佐山にタイガーマスクに戻ってくれないかと思いながら、話し相手になっていたのだと思う。しかし、事態はどんどん逆方向に向かっていって、最後は遂にマスクを脱ぎ捨て、素顔で戦い始めてしまった。これは編者の推理だが、佐山は、たぶん、自分がガチンコで勝ち負けを競ったら前田や藤原や高田にかなわないと思っていて、よけいに理論構築に居所を見つける形になり、プロレスのなかでのルールというのをより厳格にみんなに認めさせようとしたのではないか。

のちにも佐山は自分ではプロレスしかできず、それでシューティングから追い出された後、プロレスの世界に戻ったのではないか。このことについては、いろんな根拠がある。

□前田の発言

ただひとりの理解者とかいうけど、浦田さんも佐山さんに対して、変遷があるんですよ。浦田さんは佐山さんのとばっちりで、留置場に入れられて、本業の商売の方にも影響して、自分の事業の資金が回らなくなってえらい目に遭っているんですよ。それで、拘留から戻ってきて、さあこれからだというときに、佐山さんが（地方はなしにして）試合の数を減らして、（大都市の）大きな会場でやらなきゃダメだと言いだして。俺の言うこと聞かなきゃ、ＵＷＦから手を引くぞ、オレ辞めるからって言って、みんな脅かされていて、スゲー困っていたんですよ。

浦田さんは佐山さんの理解者とかいうけど、そんなの大嘘ですよ。（豊田商事の話のあとに）東京佐川急便がスポンサーになってくれるっていう話があったじゃないですか。あのときに、浦田さんはなんとか会社を復活させようとして、自分は刑務所から出てきてどん底だったから、佐山さんの協力を仰いだけど、佐山さんが土壇場で浦田さんを裏切って、東京佐川急便との話には自分は協力できませんって言ったんですよ。

そのときに、いまでも覚えている会議をやったんですけど、浦田さんが自分らの前で、あの佐山の野郎〜って言ってましたからね。浦田さんに関しては、自分たちに誠実で。のちのちシューティングの理事みたいになりましたけど、それはやっぱりからくりがあったんです。

僕らが新日本と提携してもらったお金三千万くらいあったんですよ。俺らも若かったし、なにも説明しなかったんだけど、実は、そのお金を足りないと思うんだけどと言って、浦田さんにそれをあげたつもりでいたんですよ。ユニバーサルはうまくいかなかったけど、これでちょっと勘弁してもらいたいということでそのお金を浦田さんにといって新日本に戻ったんです。そしたらあいだに立っていた田中正悟がそのお金をネコババしていて、浦田さんはもらってなかったんですよ。

それで何年かして、お金に困っていた伊佐早さんがそのお金が浦田さんのところにいったという話を聞いて、「財産を投げだしたのは俺も同じなんだから、いくらかよこせ」って言いにいったんですよ。そしたら、「そんな金、もらっていない」という話で、何を嘘ついてるんだってなるじゃないですか、実はそのネコババしたヤツがが「浦田はひどいやつなんだ」と。裏でも悪口言ってたし、で、たぶん、俺と浦田さんとが会わないようにしてた。悪口言い合って。自分らは浦田さんとは付き合えないなって、誰も連絡とってなかったんですよ。浦田さんは気分を悪くして、佐山さんと付き合いが復活するとかしたんでしょうね、で、修斗協会に入ったんですよ。

この本を読んで俺が思ったのは、この本がなにをやりたかったかというと、修斗の佐山聡に対する贖罪ですよ。いろいろあったみたいですけれど、あのとき、追い出して悪かった、と。だから、（全体が）どうせプロレスなんかたいしたことないよっていう話でまとまっているんですよ。

柳澤はこういうことも書いている。

●佐山にとって、打撃はなくてはならないものだ。現実のストリートファイトは遠い間合いの打撃の攻防から始まる。さらに、打撃にはＫＯの魅力がある。（『１９８４年の〜』１９８頁）
●佐山も前田も高田も、藤原に命じられて道場破りを撃退した経験を持つ。藤原組は、新日本プロレスを守る用心棒集団でもあったのだ。（１５０頁）

これらの記述について、前田はこう言う。

□前田の発言
高田はこのころ新弟子で全然そういうこと（真剣勝負）はやってないですよ。で佐山さんも俺が入門するときの話のもとになった名古屋のプロ空手が挑戦してきてるから佐山か藤原かどっちかやれって言われたんだけど、けっきょく、やったのは藤原さんなんですよね。

道場破りはオレと平田が全部やっつけた

だから本当に経験しているのは藤原さんだけで、あとあるのは、タイガーマスクが有名になった時に、雑誌の企画でタイガーマスクに挑戦とかって、それの挑戦してきたやつに対して、当時、俺と平田淳嗣がやったんですよ。そのあと、俺が寮長になったころに変な奴が何人か来ましたけど、それは全部オレ（前田）がやっつけた。

□前田の発言　（『カクトウログ』より）

（佐山は）運動神経について言えば、あんな人は見たことない（ほど素晴らしかった）。**それで格闘技大戦争（マーク・コステロ戦）に出たんですよ、マーク・コステロっていうヤツとやったんだけど、パンチもキックも出せなくて、みんな「なんで？」ってなっちゃって。反則のタックルしか出せなくて、なんにもできなくて大負けしたんです。それで、猪木さんもいつまでもプロレスうんぬんと言われないように佐山さんを格闘技第一号の選手みたいに考えていたのに、そうとうショックだったみたいで、これは（格闘技進出は）できないという考えになった。佐山さんというのは内弁慶で、気持ちが弱いんですよ。マーク・コステロのときも、反則をやって反則負けをねらったんですよ。彼はそれ以外の真剣勝負なんてやってないはずだよ。**（弱かったからですか？）**ウン、気持ちが弱かった。**

（2017年5／29放送のニコニコ生放送「月刊リングス5月号」）

調べてみると、佐山が現実にストリートファイトをやったという話や一九七七年のマーク・コステロ戦以外にプロレスではない格闘技戦をやったという記録はない。

前田の記憶では、佐山がUWFを辞めたあと、サンボの日本チャンピオンと後楽園ホールを使って試合をするという話があったのだが、これも最後の土壇場で出場が流れたことがあったという。

要するに、佐山には真剣勝負での格闘技戦の経験というと、前出のひどいことになって負けた一回だけの経験しかなかったのである。

柳澤は触れていないが、更級四郎がＵＷＦのブレーンだったという話は、柳澤のインタビューではなくて、『紙のプロレス』（エンターブレイン２００９年1月3日号）のインタビュー記事が先なのだが、更級はそこではこういうことも言っている。

■更級四郎の証言　――では、佐山さんは演者として天才でありながら、マッチメイクの才能もあったわけですね。自分がプロレスの天才だから、どうしても自分が目立つように持っていってしまうというか。

更級　それにリング上でもリング外でもトップをやるには、経済力があるか、あるいはホントに強くないとほかの選手がついてこないんですよ。で、結局は前田さんにしても、藤原さんにしても、佐山さんがそれほど強くないのはわかってるわけ。

――ぇぇ!?　そうなんですか？

更級　だっていままでずっと道場でお互いにスパーリングをやってるんだから。そういうことが選手はわかってる。でも、佐山さんはプロレスの天才だから、強く見えるんだよね。それが複雑だった。でも、ゴッチさんは「佐山をエースに」ってずっと言ってました。そうじゃなきゃお客が入らないから。自分が強いけど客を呼べないレスラーだったから、そのへんはわかってたんだろうね。でも、選手間に不満はあったと思うよ。

（『紙のプロレス』「ケーフェイを超えたＵＷＦの真実」54頁　聞き手　堀江ガンツ）

前出の更級とゴッチの会話はウソくさく信用できないが、その話がウソだったとすると、佐山が弱いという話もプロレスの天才だという話もウソなのだろうか。しかし、柳澤によれば、ＵＷＦはすべてが佐山中心に回っていたことになっている。藤原が関節技の達人といわれるようになったのも、佐山のお陰だという。

●藤原は新日本プロレスに在籍していた頃から観客の目前でスパーリングを行っていた。だが、前座レスラーが行う地味な寝技のスパーリングに興味をもつ観客はほとんどいなかった。

ところが、この頃になると、藤原のサブミッション（関節技）には、多くの観客が関心を抱くようになっていた。観客の目を変えたのは誰か？　最大の功労者が、佐山聡のスーパー・タイガーであることは言うまでもない。（略）スーパー・タイガーは地味な前座レスラーに過ぎなかった藤原喜明に、関節技の達人というキャラクターを付与したのだ。（『１９８４年の～』２０９頁）

好き勝手書き放題の文章だが、この「藤原の名声は佐山のせいだ」などという発想は、宮本武蔵が有名になれたのは佐々木小次郎が巌流島で負けてあげたせいだ、と言っているのと同じである。佐山に花を持たせるのもいい加減にしなさい、と言わなければならない。前田についても、どうしてこんなに悪くばかり書くのだろうという記述が続いている。前田が怒って当然である。

●〝クラッシャー（壊し屋）〟の異名を持つＵＷＦの25歳のエース前田日明は、ブラッシーのようなプロレスの達人とは正反対のレスラーだった。対戦相手を実際に失神させ、ケガまで負わせてしまうのだから、プロレスラーとしては最悪である。（『１９８４年の～』１０７頁）

●前田は甘いマスクと立派な体格の持ち主だが、アントニオ猪木のような天性のショーマンシップも佐山聡のような天才的な運動神経も持ちあわせてはいなかった。（１１３頁）

前田は見栄えだけはいいが、才能もなければ運動神経も鈍いレスラーだったというようなことが書かれている。実は前田は、プロレスの道場にたどり着く前に空手の有段者だったこともあって、拳も脚もいざとなったら切れ味鋭い日本刀のような高い戦闘能力をもった人間凶器になるような［ケンカ野郎］なのである。なによりも、戦いのときに逡巡したり、臆したりしない度胸の持ち主だった。大阪の盛り場でストリートファイトを繰り広げていたというし、レスラーとは別の話だが、ファイターとしては精神的には完成されていたのではないかと思う。

□前田の発言

東京に出て来る前、大阪の盛り場で空手道場の先輩に連れられていって、実戦も昇段試験の一部なんだという話で、あの背のおっきいヤツを殴ってこいとか、ヤクザを殴ってバッチを取ってこいとか言われて、取りにいってそのあと、追いかけ回されましたからね。あのときの怖さを考えたら、プロレスの試合でもめたりとか、ガチンコだとかセメントだとかいったって、全然なんともないですよ。あの経験があったから、度胸だけはあったんですよ。

柳澤は本のなかで「前田は運動神経が鈍く反応が遅かった」と、自分で見たようなことを書いているが、これは別に反射神経が鈍くてゆっくり技が出て来る、というわけではないのである。何度も言うようだが、彼の本質はストリート・ファイトで、技のスピードが生死を決める世界の住人なのだ。フルスロットルでいくと、相手が壊れてしまうのである。

そういう人間がプロレスの道場で覚えていったのは、もちろんプロレス独特の技の習得もあっただろうが、重要だったのは、そういうそもそも相手を破壊してしまうような技の手加減をどうすればいいのか、ということだった。

たぶん、これの調整がなかなかうまくいかなくて、つまり、加減をしてもついつい相手にケガをさせててしまう。おそらく、特に膝蹴りや回し蹴りなどの高い身長を回転軸にした蹴り技は猛烈な威力の破壊力が新人の練習生の頃からあったのではないかと思う。前座時代に同期の選手の歯を折ってしまったり、先輩レスラーたちも前田とのスパーリングを嫌ったのも、その力の加減がなかなかコントロールできないということと関係があったのではないか。一方、柳澤はこういうことを書いている。

●佐山聡のスーパー・タイガーは、相手に大きなダメージを与えることなく蹴ることができるのだ。私たちの目に恐ろしく速く見えるスーパー・タイガーの蹴りは、空手家やキックボクサーの蹴りと何が違うのだろうか？ そんな疑問に答えてくれたのは、正道会館宗師の石井和義である。（略）

「ＵＷＦがプロレスであることは最初から１００％わかっていました。蹴りひとつ、突きひとつ見ればすぐわかります。空手では相手を倒すことだけを考える。そのためには中心部にインパクトを与え、フォロースルーを加えることが必要になる。（略）プロレスのキックは、インパクトまでを速く見せておいて、そこで止める」

（『１９８４年の～』２１３頁）

前田も同じ、大阪空手の有段者なのである。しかも、無想館拳心道という流派なのだが、ここは当時、他流試合なんかいくらでもやってやるみたいな、かなり実戦型の空手道場だったらしい。

□前田の発言　『カクトウログ』より

それで佐山聡は藤原（藤原喜明）さんと試合して、バンバン顔を蹴りまくっても顔を腫らしてないくらい手加減がうまかった？　そんなね、ＵＷＦの選手みんなできたよ。それが証拠に、藤波（辰巳）さんとの（大阪での）試合だったけど、変なよけ方をしなければ鎖骨のところに落とすという蹴り（大車輪キック）なのに（藤波が）動いたからここ（頭頂）を切っちゃったんだけど、ハイキックは何十発もやりましたよ。それで藤波さん、のちの長州（長州力）さんの蹴撃事件の時のように顔が腫れたかっていうと、ぜんぜん普通の顔ですよ。当たり前にオレがハイキックをバンバンやったら（相手は）死んでるよ」

井上（『ＫＡＭＩＮＯＧＥ』編集長の井上崇宏）「これは前田さんの話とつながると思うんですけど、プロとは細心の注意を払ってヤバイことをやるものだと」

前田「そうそう。プロレスはね、スタントマンのメロドラマなんだよね。かと言って、今みたいにサーカスもどきの危ないことをやってってぃうのは違うと思うんだよね。とにかく（『１９８４年のＵＷＦ』は）時間の事実誤認もいっぱいあるし、こんな中途半端なのでよく出たな。昔だったら出なかった、今は誰も覚えてないから出るけど、ひどいねこれ。３～５ページごとに間違いがある。誰にも取材しないのはいいんだけど、そういうスタイル貫いている人がいるんですよ、塩澤（塩澤幸登）さん、オレの本書いてる。あの人偉いのは国会図書館と大宅文庫とか行って、当時の雑誌記事全部見てるんですよね。そん中で時系列で本を書いてるんですよ。こいつ全然そんなことしてないでしょ」

（5／29放送のニコニコ生放送「月刊リングス5月号」）

どうでもいいことだが、前田さんはことのついでに、シオザワのことも誉めてくれている。

井上「それともうひとつですね、宝島社から『証言ＵＷＦ 最後の真実』と。こちらは逆に（『１９８４年のＵＷＦ』と）対をなすというか、当事者だけに話を聞いたという（前田のパートは井上氏が担当）。」

前田「これ（『証言ＵＷＦ 最後の真実』）はね、選手それぞれが当時感じたことをいろいろ言ってるんだけど、俺の中ではみんなそのうち歳とってくれればわかるよって話がいっぱいあるんだよね。でも（第２次ＵＷＦ旗揚げ戦のマイク）後楽園ホールでの『恍惚と不安～』あれ、オレが神（社長）に言われて言った（更級四郎氏「神くんが考えたって聞いてる」）と？　神は青森出身だから太宰

と関係があると？　神が思いついて前田に言わせたと…嘘つけって。ぜんぜん違うよ。（前田は高校時代から太宰治や小林秀雄の熱心な愛読者だった。）**第２次ＵＷＦで佐山さんを呼ぼうとした（『１９８４年の～』）、こんなの嘘だよ。誰も呼んでない、必要ないもん。そういうのでいうと、ＵＷＦは選手は揃いすぎるくらい揃ったもん」**

井上「補足すると、本の帯に『１９８４年のＵＷＦへの前田日明の反論』とあるんですけど、（前田）インタビューを（井上氏に）オファーされたときにはそういう話ではなく、もちろん前田さんもこのとき読んでないし、ＵＷＦの話をということで前田さんに取材をさせていただいて。帯になって出てきたんで、いやいやこれは違うでしょということをボクも言ったんですけど、要するに営業部の問題（意向）だから入れるんだと」

宝島社でも営業部（マーケティング＝本を売ろうとする情熱）が事実をねじ曲げている。

□前田の証言　『カクトウログ』より

あとレガースっていうのは佐山さんがオレたちにつけろつけろって言った。それをつけただけの話なんだよ。佐山さんが大元のルールを考案したけど、当時のインタビューでオレ言ってますよ、佐山さんがつくったやつを使ってますと。マスクド・スーパースターがいろいろ言ってるんですけど、あれはプロレス的な発言であってね、マスクド・スーパースターとかディック・マードックと揉めなかったのは、彼らはプロレスの範疇を超えてこなかったから。純粋にグッドワーカーとして

やっていた。超えてきたらやってましたよ、みんなそういう気概があった」

井上「レガースはいやいや付けてたわけではないですよね？」

前田「**最初はいやいやだったよ。だったんだけど、佐山さんと藤原さんの試合見てて、いい音するんだよね。これは使えるなぁと思って。グラウンドで地味になるんで。それでつかうことにしたのね。**」

（5／29放送のニコニコ生放送「月刊リングス5月号」）

柳澤によれば、プロレスの技術の肝要は技をかけられても痛くないことだというのだが、その考え方でいくと、前田は「技は相手を倒すためにかけるもの」という考え方から脱却できなかったということになる。

相手を倒すためにかける技は相手を倒すためではない。これはまるで禅宗の公案のような話だ。前田の〝クラッシャー〟（壊し屋）の異名は伊達ではなく、レスラーとしての前田日明は危険な、一皮むくとすぐ本物の戦士になってしまうような〝格闘者〟だった。

強いプロレスという理想を目指す

その意味で、前田にとってはプロレスはじつはまどろっこしいもので、なんとか強さを軸にしたプロレスなのか格闘技なのか、要は、集客力が高く、自分の周りの人間たちがみんなでそれで生活していける原資を稼ぎ出せるような「なんらかの形」はないものかと模索していた。これは佐山のようにやたらに理論に先走るのではなく、自分たちにできる形でそこにたどり着けないものか、本人にどのくらいそういう自己意識があったかはまた別だが、前田こそ、プロレスの持つ前衛性と大衆性に引き裂かれて苦しみながら、ＵＷＦという時代を生きたレスラーだった。前田のこの状況が、のちにアンドレ・ザ・ジャイアントとのセメント試合になっていった。話をいったん、年表に戻そう。

6月18日
スポンサーだった豊田商事の永野一男が惨殺される。これに伴い巨額融資はなくなり、テレビ放映も打ち切られてしまう。

7月8日
格闘熱帯ロード第1戦、広島県立体育館。観客動員2849人。「格闘熱帯ロード」の「第一回ＵＷＦ公式リーグ戦」から、負傷者続出の歯止めとスポーツ性を重視したシューティング・スタイル確立のため、新たに佐山聡考案の公式ＵＷＦルール適用。以降、ＵＷＦはアキレス腱固め、腕ひしぎ逆十字固め、ワキ固めといった関節技とキック攻撃の合体というオリジナルのスタイルを驚異的なスピードで完成させていく。この日、安生洋二がデビュー。

それで、佐山聡のこのころの立ち位置だが、柳澤はこう書いている。

●ＵＷＦをプロレスからシューティングへとスムーズに移行させるためには、観客を教育し、選手を育成し、ルールを整備するための時間が必要なのだ。佐山聡がＵＷＦの独裁者だったわけではまったくない。藤原以下のレスラーたちも、浦田社長以下の背広組もＵＷＦのスポーツ化に同意してくれた。ＵＷＦの現場は、藤原喜明をリーダーに極めて民主的に運営されていた。優れたアイデアを持っていたのが佐山ひとりだった、というだけのことだ。

（『１９８４年の～』２３４頁）

□前田の発言

この認識も違っている。当時はプロレスはまぎれもないスポーツとして認識されていましたよ。「ＵＷＦのスポーツ化」という言葉自体が矛盾していて、時系列（時間の経過）**をごちゃごちゃにしたものですよ。**

問題は試合における勝敗の決め方にあるのだった。理想の勝ち方と負け方、それが問題だった。

じつはどういうことか、説明が必要だ。ＵＷＦという仲間集団のなかでの佐山だが、よくあるようなことだが、学生仲間のなかで、ひとりだけ突然、新興宗教とか革命思想に取り憑かれて、周りの人間たちに「みんなで日常生活なんか捨てて、ルールによる勝敗の決着という理想の実現を目指そうよ。金がなくて家族が飢え死にしたって、それは革命のためだからしょうがないじゃないか」と言って回って、最初のうちは話を聞いてくれるが、そのうちだんだん相手にされなくなっていったのと同じなのである。突出して政治的な人間というのはけっきょく、みんなに嫌われる。

これは逆にいうと、佐山があれこれ言いながら、ウソをついてみんなを騙していた、という話である。それで、独裁者でもなく人徳もなかったから、やがて前田に裁かれることになるのだ。

ＵＷＦを佐山中心で考える見方はやせ細った貧弱なものだが、この団体の本格的なテーマというのは別にあり、それはやはり、前田日明のビルドゥングス（成長物語）と重なっている。

前田日明の人間的成長、思想的深化とともにＵＷＦが新しい戦い方のスタイルをもつプロレス団体として発展していって、彼を理解できず、彼の戦いを支持しなかった（オランダの格闘家たちとのガチンコ勝負を嫌ってプロレスをやりたがった）仲間たちに最後に裏切られ、彼らと袂を分かってまた、ひとりで最初からやり直す、これはそういう再生の物語なのである。

さて、本題に戻るが、同書のなかではターザン山本が柳澤のためにこういう応援発言をしている。

●異種格闘技戦で格闘技を制圧した猪木さんは、次にＩＷＧＰでプロレス界を統一しようとした。もちろんファンタジーですけどね。ところが、突然タイガーマスクが登場して、猪木さんが独占していた繁栄を奪ってしまう。タイガーマスクは猪木プロレスの否定です。『格闘技は離れた間合いから始まるものだ。ロックアップそのものがしょっぱい』といったんだから、タイガーマスクはプロレスのフォルムそのものを変えてしまったんです。　（『１９８４年の～』１８０頁）

ここでまた山本は出来事を単純化して図式にして、実体をなくした言葉をつなぎ合わせてモノをいっている。プロレスのフォルムという言葉の意味がまず、よく分からないが、たぶんタイガーマスクはプロレスの本質は変えてはいない。まず、猪木は格闘技界を制圧していないし、ＩＷＧＰでプロレス界を統一したわけではないし、新日プロの繁栄を独占していたわけではないし、タイガーの登場は新日プロ繁栄の一部分だし、タイガーマスクは猪木プロレスの否定ではない。スーパー・タイガーに従来のプロレスを否定する色合いはあったかも知れないが、大人気になったタイガーマスク自体はルチャリブレの色合いを持つ、一種の曲芸プロレスである。山本はスーパー・タイガーとタイガーマスクをごっちゃにしてしゃべっている。

□前田の発言

佐山さんをプロレスの天才というけれど、実際にはアクロバットと速い動きができたというだけのことで、そういう動きはいまでは当たり前のことになってますよね。オレのことを動作が鈍いとかって書いてますけど、そのころはヘビー級のレスラーというのは身体をゆっくり動かして技に入っていくというのが、常識的なことだったんですよ。

ＵＷＦの破綻は加速度的だった。豊田商事との関係が取りざたされ、融資のお金が汚れたものだったことが判明し、テレビ中継も打ち切りが決定し、団体はいきなり経営危機に陥るのである。このことを柳澤は「佐山と浦田の去ったＵＷＦはたちまち経営危機に陥った」（２４２頁）と書いているが、佐山と浦田が辞めたから経営危機に陥ったわけではない。その前からずっと経営危機だった、それで倒産したのである。

■元UWF営業部長の上井文彦の証言
レスラーたちも、吹きさらしの道場で安い食材を使ったチャンコを食いながら頑張っている。でも、UWFの道場に佐山は来ない。自分のスーパー・タイガージムがありますから。みんなと一緒にチャンコを食わない佐山は、だんだん孤立していった。佐山に悪気はないんですよ。『まともにプロレスをやっても猪木さんの新日本プロレスには勝てない。だから超ストロング・スタイルにしましょう』って、会社を良くするためのアイデアを出してくれただけ。独断ではまったくない。藤原さんたちも、佐山の説明に納得していましたから。それでも、何かがギクシャクしていた。

　事務所やほかのレスラーがこんなに苦労しているのに、道場にこない佐山がどうしてリーダーシップをとって、好き勝手をやってるんだ？

（『1984年の～』235頁）


すでに書いているが、「まともにプロレスをやっても猪木の新日本プロレスには勝てない。だから超ストロング・スタイルにしよう」と提案したのは佐山ではない。藤原である。また、佐山が道場に姿を現さなくなったのは、一月にスーパータイガー・ジムがオープンしてからのことだ。

　佐山がリーダーシップをとっていたというより、とろうとして周囲ともめていた、といった方がいいのではないか。簡単に言うと、自分の作ったジムとUWFをなんとかうまく結びつけられないものかとあれこれ考え始めておかしくなっていったのである。

7月13日

格闘熱帯ロード第2戦。静岡産業館、観客動員2255人（超満員）。この日の試合で高田伸彦が木戸修にレフェリー・ストップ勝ちする。17日　第3戦。大阪府立臨海スポーツセンター、観客動員2821人（超満員）。21日　第4戦東京・後楽園ホール、観客動員2350人（超満員）。25日　第5戦。東京・大田区体育館、観客動員4457人（満員）。前田日明、スーパー・タイガーと対戦し逆エビ固めで初勝利を奪う。藤原喜明が第1回UWF公式リーグ戦優勝を決める。

8月11日

フジテレビ『オールスター家族対抗歌合戦』に藤原喜明一家が出演、優勝する。

8月25日

格闘プロスペクト第1戦岐阜産業会館　観客動員2230人（超満員）。29日　第2戦。大宮スケートセンター、観客動員2156人。9月2日　第3戦。大阪府立臨海スポーツセンター、観客動員2056人（満員）。前田日明、スーパー・タイガーとの一戦で2度の急所蹴りにより反則負けで敗れる。しこりの残るこの試合は、前田にとって結果的に第一次UWFでの最後の試合となった。タイガーも約1カ月後、UWFを脱退する。

□前田の記録

団体の資金はすでに底をついていた。佐山さんはUWFとは別に自分のジムを持っていたし、マスコミ取材などの収入もあったから、多分、深刻化していた資金難のことはピンとこなかったのかもしれない。だけど、俺たちは明日のチャンコ代にも事欠くような状況だったんだ。

（『無冠〜前田日明〜』158頁）

佐山はこのとき、「黒字になる大都市だけを狙って月1回とか2回の興行方式にしよう」と主張している。これはのちに、新生UWFがやって成功した方法である。しかし、ここでそういうことを言い出すのは興行の世界について、知識のない人間の無理な言い分だった。

□前田の発言

佐山はあのとき、大きな会場でやれって言ったんだけど、後段の183頁で説明しているように現実に無理なことを要求していたんです。あのときのユニバーサルには大会場を押さえる資金も信用もなかった。後楽園ホールっていったって、あれは実数でいうと、席数1600で立見を入れて2000ですからね。それを大会場でなきゃやんない、オレのいうこと聞かなかったらオレは辞めるっていうんですからムチャクチャの話なんですよ。

佐山と営業サイドの意見の違いの問題についていうと、まず、認識として違うのは、興行は基本、建値を決めて取引するから赤字黒字は地元の興行主のレベルの話で、UWF本体の損得とはまた別の問題なのである。ただ、客を集められないとわかると興行主たちが試合を買ってくれない。売れない。みんな佐山がマスクをかぶってタイガーマスクをやってくれれば何とかなると思っていたのだが、佐山にその気はなかった。

□前田の発言

それでやっちゃったんですよ。でも、オレのいいところは全部掌底（掌底打ち）だったことですよ。ちゃんとね。そういうルールは守った。全部掌底でした。あれ、パンチだったら、一、二分でノックアウトだった。彼が一生懸命、技を仕掛けてきてもなんともなかった。本人、それでショックを受けていたんですよ。彼の蹴りの間合いとオレのパンチの間合いがおなじくらいなんですよ。だから、オレのなかに入ってこれない。

●9月2日の大阪府立臨海スポーツセンターで行われたスーパー・タイガー対前田日明は異様な試合だった、と現地で目撃した夢枕獏は書いている。

〈異様な――と、そう表現してもいい雰囲気が、そのリングを包んでいた。（途中経過、省略）もしかしたら、仕掛けた前田当人でさえ、自分がそのリングで何をしようとしていたのか、はっきりとわからなかったのかもしれない。〉（夢枕獏『猛き風に告げよ』）

リングサイドにいた若手レスラーの星名治もまた、不穏な空気を感じとっていた。「雰囲気がヘンなんです。試合が進むにつれて、あっ、これは違う。やばい。どうなっちゃうんだろうって緊張しました。前田さんも、佐山さんをつぶすつもりはなかったと思います。プロレスの試合として、なんとか成立させようとしていた。ただ、伊佐早さんに焚きつけられていたから、前田さんも何かをやらないといけない。でも、どうしたらいいかわからない」

（『1984年の〜』236頁）

これは夢枕獏は自分が事情を理解できなかったから、こういう書き方をしているのである。星名治も事情を何もわからぬまま、柳澤の取材にコメントしている。前田本人が自分のやっていることがわかっていなかったはずがない。正確に言うと、夢枕獏はこう書いている。

■『猛き風に告げよ』２０５頁
「あれを見た？」ぼくにそう言ったのは、空中である。

アメリカ──フロリダのタンパにカールゴッチを訪ねて行った時に、案内してくれた空中が、そう言ったのだ。「凄かったでしょう」彼はそう言った。彼は九月二日に大阪であったそれをもっとも近くから見ていた人物である。空中レフェリー。（略）「前田と佐山の試合だよ」彼は言った。「大阪のやつですか」「そう、大阪のやつね」「見ましたよ」「凄かったろう？」「ええ。大阪に行けなくて、ぼくはビデオで見たんですが、あの試合は凄い緊張感がありましたね」ぼくが言うと、空中は、右手と左手の人差し指を一本ずつ立ててそれをぼくの前で「ちゃんばら」のように、軽く何度か触れ合わせた。「あれは、これだったからね」これ──それはつまり、大阪での試合がＵＷＦのリングにさえ存在していた最低限のルールを破った試合であったのだと、ぼくは「これ」を理解した。


問題はふたつある。

ひとつは柳澤は夢枕獏が「大阪に行けなくて、ぼくはビデオで見た」と書いているのを、「夢枕獏は現地で目撃した」と書いている。これは誤記ではなく、故意の改竄だと思う。もうひとつは空中がはっきりと、あの試合がガチンコであったことを認めていること。星名治も事情がわからないのであれば、妙な解説はしないようにしなければいけない。

□前田の発言

あの人はあのころ、本当に演技をしているんじゃないかと思うくらい性格が変わっていったんですよ。たぶん、つきあい始めた人が悪くて、周りからおだてられてイロイロいわれているあいだに人間が変わっちゃったと思うんです。もう信じられないくらいでした。

佐山聡になにが起こったのか

最初、（UWFに参加しはじめたころは遅れてやってきた）遠慮もあったたし、藤原さんが気分よく（技を）受けてくれるから、気持ちよく試合していたんですけれども、お客さんたちから「やっぱりスーパータイガーすごいなあ」っていわれるようになったら、本人、カン違いしたんだと思うんだけど、オレはカール・ゴッチよりすごいんだみたいなことを言い出して、だんだん、みんなの言うことを聞かなくなっていったんです。

そのころのUWFの現状というのは、日本人選手同士の試合で、五試合、六試合やるのが精いっぱいなのに、A、Bの2リーグに分けよう、とかいいだして。ドンドン増長しはじめたんですよ。

プロレスなんかやめちゃって、もっと格闘技っぽくしていこうよ、というようなことを言いだして。で、試合数も一ヵ月に二回くらいにしてくれ、と。UWFを自分のやりたいようにできる団体みたいに思い始めていったんですよ。それでは、団体がやっていけない。

佐山さんはあのころ、もちろんUWFからも月給をもらっていたんですが、別に収入源があって、毎月、二百万とか三百万とか別仕立てで、お金が入ってきていた（たぶん、タイガー・ジムを経営して、ジムの会員たちからの月謝があったのではないかと思う＝編者註）。だから、UWFの経営がうまくいかなくて、月給が減ってもなんともなかったんですよ。

こっちは月二回しか興行を打たなくなって、社員たちの給料はどうするんですか、という話なんです。現実に社員がちゃんと給料をもらえていないというような状況がありました。給料が出なかったら、社員は生活していけないじゃないですか。そういったら、（佐山さんは）いや、そんなのはオレの知ったことじゃない、と。それは経営者の宰領で、そこをなんとかすればいいんだ、と。オレには関係ない、おれはやりたいことができるというからここに来たんだ、いやんなったらやめるだけだと言うんですよ。みんな、もう、佐山さんがいなくなったら団体は終わりだろうと思っているから、ガマンしてガマンしていたんですよ。そんな状態がずっとつづいていて、最後についに堪忍袋の緒が切れて。（九月二日の大阪の府立臨海スポーツセンターでおこなわれた試合の前に）伊佐早さんと上井がやってきて、「前田さん、お願いします。いいからアイツをやっちゃってください」というんですよ。それで、オレはやっただけですよ。いまから思えば、たいしたことないですけどね。

前田日明のなかにも、いつまでもプロレスみたいなことをやっていても、という気持ちはあったが、それはさすがに、明日からこのルールでさらにガチンコっぽい試合をやろうよというような乱暴な話ではなかった。佐山は現実に配慮せず、急ぎすぎたのである。

9月6日
格闘プロスペクト第4戦　東京・後楽園ホール　２１７７人（満員）。11日　第5戦　東京・後楽園ホール　２３４９人（超満員）

柳澤はこう書いている。

●4日後、9月6日の後楽園ホールで行われた藤原喜明対木戸修の試合は、佐山のシューティング構想の終演を告げる試合となった。『週刊プロレス』の山本隆司記者は、グラビア記事の見出しに「シューティングは死んだのか！」とつけた。
（『１９８４年の〜』２３７頁）

佐山の考えていたことがついに真正面から否定される日が来たのである。

■『週刊プロレス』１９８５年9月24日号
17分42秒、試合終了のゴングが鳴った時、後楽園ホールを埋め尽くした観客は、どんな気分になっただろうか。藤原はシューティングにタブーの頭突きを3連発、繰り出した。それは10分を経過した直後に起こった。藤原は例によってニタリと笑うと、木戸をコーナーへつめて張り手を出した。怒った木戸がハイキックで応戦すると、藤原はダウン。両者エキサイトして蹴りの応酬だ。

こうなると藤原はシューターからプロレスラーへカムバックだ。チョーク攻撃をかさねたあと、かつての十八番にしていた頭突きを連発した。「思わず出てしまった。本能だよ」という藤原だが、この発言は意味深である。

■『格闘技&プロレス迷宮Xファイル』51頁　前田日明VS佐山聡　文＝波々伯部哲也

前田がフロントや選手、そしてファンにも大歓声で迎えられたのは、佐山が旧UWFでの居場所を失ったことを意味していた。旧UWFは10・9&10・20後楽園開催を発表、しかも10・9後楽園では前田vsS・タイガーの再戦。物議を醸した9・2高石での前田の闘いぶりが〝容認〟されたに等しかった。しかし、前田vs佐山が2度と行なわれることはなかった。佐山は「シューティングが違う方向に向かっている」と離脱表明。前田は「ビビって逃げた」とホゾをかんだが、佐山と前田や他の選手との確執が試合で表面化した旧UWFは、もはや団体としての体をなしていなかった。

10月30日　広島大学で前田日明と高田伸彦が講演。

11月24日

ＴＢＳの番組『ザ・チャレンジャー』が、米・フロリダのゴッチ道場を取材。ＵＷＦからトレーニングに来ていた中野龍雄が紹介される。中野は以前に体が小さいため国際プロレスに入団を断られた経緯があるが、ウェイト・リフティングで体をつくり、ＵＷＦへの入門を果たした。

11月25日

ＵＷＦ幹部が経営から退陣、事務所も閉鎖され、ＵＷＦは事実上倒産する。ＵＷＦ選手はプロダクション化して生き残りを図り、新日本プロレスとの業務提携をひそかに進めていた。前田を中心に選手たちの団結は堅かった。

12月6日

東京・両国国技館の新日本プロレスのリングに、ＵＷＦの前田日明、高田伸彦、山崎一夫、木戸修、藤原喜明が登場、ＵＷＦと新日プロの業務提携を発表。

第四章

業務提携と新格闘王誕生

1985年12月6日〜1987年6月23日

UWFでやってきた
一年半が
何であったかを
証明するために、
新日本のリングに
やってきました。

1985. 12.6

前田日明がアントニオ猪木に代わって［新格闘王］の称号を授かるためには、二人の強敵を倒さなければならなかった。それが、アンドレ・ザ・ジャイアントとドン・ナカヤ・ニールセンだった。『１９８４年の〜』のなかで描かれている、前田とこの二人との戦いをI氏は鋭く観察し、誤謬を指摘する。まず、無効試合となったアンドレ・ザ・ジャイアントとの対戦だが、これはアンドレが突然仕掛けてきた真剣勝負だった。

●この試合を目撃したマスクド・スーパースターは、前田日明は最悪のレスラーだと証言している。《私に言わせれば、マエダは男じゃない。マエダはアンドレに「バックステージで一対一でやりたい」と申し入れるべきだった。マエダはアンドレと離れた距離を保ち、ケガを抱えていたアンドレの足を蹴って破壊した。アンドレはマエダをつかまえようとしたが、できなかった。身体のコンディションが悪く、うまく動けなかったからだ。

当時、アンドレの健康状態は良くなかった。アンドレ戦以前から、私のマエダに対する印象は良くなかったが、試合後は最悪なものになった。》（DVD『マスクド・スーパースター　流星仮面栄光の軌跡』）（『１９８４年の〜』２４８頁）

○I氏の分析　シュートを仕掛けたのはアンドレの方である。スーパースターの批判は全くの筋違いで、難癖に過ぎない。なぜ引用するのか。

●前田日明との試合後、新日本プロレスは必死にアンドレのご機嫌をとった。

「ビッグファイター・シリーズ」の最終戦は5月1日の両国国技館である。それから、ＩＷＧＰリーグ戦がスタートするまでの２週間、アンドレには沖縄で休養してもらい、費用は全額新日本プロレスが負担することにした。

アンドレをアメリカに帰してしまえば、戻ってこないかもしれないと考えたからだ。

フロントの努力の甲斐あって、アンドレは5月16日から6月20日まで行われた第4回ＩＷＧＰリーグ戦に出場してくれたものの、以後、新日本プロレスのリングにアンドレが上がることは二度となかった。世界中どこでも稼げる超人気レスラーにとっては、不愉快な思いをしてまで新日本プロレスに固執する理由はひとつもなかったのだ。

（『１９８４年の～』２５０頁）

■『週刊ファイト』１９８６年5月6日号12頁
※大巨人　沖縄特訓でゼイ肉落とし　猪木しぶ～い顔
アンドレ・ザ・ジャイアントが何と沖縄でトレーニングするという。「ＩＷＧＰシリーズ」は五月十六日、後楽園ホールで店開き。五月一日の両国大会が終了した直後アメリカへは帰らず、五日から沖縄でトレーニング、十四日の前夜祭に舞い戻ってくるというから驚く。一体、アンドレは何を思って沖縄特訓に突入するのだろうか

○Ｉ氏の分析　翌週5月13日号で報じられた前田戦より先に、アンドレの「沖縄特訓」は公表されており、無関係なのは明らか。こじつけはやめてほしい。

次期シリーズ「ＩＷＧＰ」では猪木にギブアップ負け（6／17）、タッグながら前田との再戦を組まれる（5／30前田・藤原対アンドレ・スヌーカ、両者リングアウト）等、新日本もアンドレのご機嫌をとる一方でもなかった。その後アンドレが新日本に来なくなったのは、前田のせいではなく、ＷＷＦ（現ＷＷＥ）の世界戦略の都合ではないか。

週刊ファイトの井上義啓編集長は「今年で幕を下ろす　猪木―アンドレ戦」と書いており、アンドレの新日本離脱は既定路線を匂わせる。その後のアンドレは、新日本の許可を得て米国でもマスクマン（ジャイアント・マシン）になった後、ヒール・ターン（悪党に転向）してハルク・ホーガンと抗争。翌年のレッスルマニア３でホーガンにピンフォール負け。ＷＷＥの世界戦略に大いに貢献した。確かにその後、新日本で試合をすることはなかったが、猪木30周年セレモニー（１９９０年9月30日）でリングには上がっている。だから「新日本プロレスのリングにアンドレが上がることは二度となかった」も誤り。

■『週刊ファイト』１９８６年5月27日号3頁

※昨日・今日・明日…ファイト直言　今年で幕を下ろす　猪木―アンドレ戦

☆…ＩＷＧＰにおける猪木とアンドレの勝負は今年で最後だろう。来年の話をすれば鬼が笑う。アンドレは今年一杯と見て沖縄特訓に出かけたはずなのに、ブラウン管で見たアンドレには何もなかった。時代は移り変わる。（略）

☆…アンドレの沖縄特訓がどうであったかを問うのは愚かである。それより、何かを残したかが問われる。プロレスラー25周年の一九八六年に、猪木がどうアンドレと闘って二人の抗争に幕を引いたか。繰り返すが、二人の闘いに来年はない。

○I氏の分析　柳澤は、シュートを仕掛けたのは誰かの指示ではなくアンドレ自身の意思であると(根拠も示さずに)書いているが、もしそうなら団体側には迷惑な話で、ご機嫌をとるどころか普通ならペナルティを科すような事案である。気を遣っていたとすれば、それは新日を去るに際して長年の功に報いるとか、あるいはその前に猪木との決着戦に臨んでもらうためのインセンティブといったことだったのではないか。いずれにせよ前田戦とは関係あるまい。

■『東京スポーツ』(東京スポーツ新聞社)前田対アンドレ戦前後の情報を時系列に沿って整理。

※1986年4月26日号(25日発行)
大巨人、沖縄で秘特訓　5月1日シリーズ終了後、初の日本居残り　5・16開幕IWGP王座へ異常執念

※1986年4月27日号(26日発行)
これがIWGPの全容だ　猪木も予選から出場　アンドレと同グループ(IWGP公式リーグ戦での前田対アンドレ戦が消滅。5月30日広島県立体育館での前田・藤原組対アンドレ・スヌーカ組の特別試合が発表される)。

※1986年4月29日(28日発行)

前田、大巨人急きょ一騎打ち　大巨人、前田の一騎打ちが、急きょ二十九日の津大会で実現‼　前田の念願でもあり、またファンの悲願でもあった夢のカードが突然現実のものとなった。二十七日、新日プロが明らかにしたもので、新日プロのマットに旋風を巻き起こしたUWF殺法が、どこまで世界の大巨人に通用するか、見逃せない一戦となる。

次期『IWGPチャンピオンシリーズ』では、ジャイアントがAグループ、前田がBグループにと分かれる。五月三十日、広島大会の特別試合タッグマッチで対戦するものの、シングルで激突するには、両者が決勝戦に勝ち上がらなければならず、ファン悲願のこの対決は実現が危ぶまれていた。だが、今シリーズ外人勢とのシングル対決で、前田は大巨人戦への道を開いたのである。コーレイ、ブラウンを一蹴し、スーパースターとはリングアウトで引き分けに終わったが、好勝負を演じた。この実績が認められ、前田はジャイアントに挑むことになったのだ。

※1986年5月1日号（30日発行）
大巨人試合放棄　20分過ぎ突然〝ストライキ〟前田烈火（4月29日の試合を1面で報じる。）

※1986年5月14日号（13日発行）
大巨人独占激白　沖縄キャンプを本紙が直撃

――それではBブロックの前田については？

ジャイアント　あのガキは新日プロのリングにキックボクシングをしにきてるのか‼　あんなファイトに俺がまともに相手できるか（四月二十九日の津大会の謎の戦意喪失事件をさす）。俺はレスリングで勝負できん奴など、俺はレスラーとして認めん！

――しかし、あの攻撃でだいぶ太モモにダメージを負ったようだが…

ジャイアント　無用の心配をするな。毎日、ウエートトレでパワーアップしている。ここにきて疲れもだいぶとれた。だが、そんなことより、新日プロのフロントは何だ!!　沖縄はスバラシイとうまいことといいながら、毎日毎日雨ばかりじゃないか。これは新日プロの陰謀だ。俺に目いっぱいトレーニングをされるのが怖いから、こんな雨の時期（沖縄は現在、梅雨）を選びやがったんだ。

＊門馬忠雄記者のレポート。「国際プロレス時代以来なんと十年ぶり」にサインを引き受けたりと、機嫌はよかったようだ。

●世界最高の人気レスラー、アンドレ・ザ・ジャイアントに不快極まりない思いをさせた上に、新日本プロレスの看板レスラーに重症を負わせて欠場に追い込む。（『１９８４年の～』２５４頁）

○I氏の分析　これは引用ではなく地の文である。自分から仕掛けて返り討ちにあったアンドレが「不快極まりない思い」をしても自業自得ではないか。

●10月９日の両国国技館大会で、前田はドン・ナカヤ・ニールセンという日系三世のアメリカ人キックボクサーと異種格闘技戦を戦うように命じられた。

「ニールセンは、新日本プロレスから前田をＫＯしろと命じられているのではないか？」疑心暗鬼に陥った前田は、試合前、６時間に及ぶ練習に打ち込み、体重は１０６キロと通常より10キロ近く絞り込んだ。だが、実際には前田の取り越し苦労に過ぎなかった。

　ニールセンは「試合を盛り上げてくれ。早いラウンドでのＫＯはダメだ」と言われていた。そもそもニールセンは前田より20キロも軽く、パワーは及ぶべくもない。もし、前田を本気でつぶすつもりなら、それなりの相手をぶつけたはずだ。前田とニールセンの試合は、通常の異種格闘技戦以外のものではなかったのだ。

（『１９８４年の～』２５４頁）

○Ｉ氏の分析　当時の新日本プロレスが、前田と体重の釣り合うどんな「それなりの相手」を連れて来られたというのか、具体的に名前を挙げてほしいものである。「試合を盛り上げてくれ。早いラウンドでのＫＯはダメだ」との記述は、次の記事から取ったのだろうが、出典を明かさないのはそれを読まれたくないからだろうか。しかし、「早いラウンドでのＫＯはダメ」は「遅いラウンドはシュート」を暗示していると思うのだが、では「通常の異種格闘技戦」はシュートであるということでいいのだろうか？

■ドン・ナカヤ・ニールセンの証言　――　なぜお聞きしてるのかというと、べつに暴露話をしてほしいわけじゃなくて、ドンさんと前田さんの試合が他の異種格闘技戦と比べてとてつもなく緊張感があったからなんですよ。前田さんが異様に殺気立っていたことも含めて、普通のプロレスとか、プロレス内ビジネスとしての異種格闘技戦とは違ったものがあったんじゃないかと。前田さんは当時の新日本プロレスでは異分子で、ドンさんとの試合は「降りかかった火の粉」だったと。

ニールセン　なるほどね。確かに「ここでこうやって、その次はこう」と流れを決めたわけではなかったね。ボクが言われたのは「試合を盛り上げてくれ」っていうことだけ。

――あ、その程度ですか。

ニールセン　うん。だから緊張感があったんじゃないかな。それから、あの試合では1Rにボクのいいパンチが入ったのを覚えてるかい？

――覚えてますよ。前田さんもインタビューで「普通、いきなり顔面パンチを狙ってこないでしょ。あれは俺じゃなかったら倒れてますよ」と言ってます。

ニールセン　あれはKOできそうなパンチだったたね。だけどセコンドに「アーリーノックアウトはダメだ」って言われたりして、そういうところで、キックボクシングとプロレスリングのスタイルの違いがあったけれど、自分の中ではキックボクシングをやっているときと同じ気持ちだったよ。

――格闘家としての前田さんの印象はどうでした？

ニールセン　ん？　大きくて、強い人だったな。でも反応がちょっと遅かったたね。

――キックとかパンチはどうでした？

ニールセン　ＵＷＦとムエタイのキックは違うでしょ。ボクとの試合でも、彼のキックはＵＷＦスタイルだった。だからボクは心配する必要がなかったね。でも、この試合のあと、マエダのスタイルが認められたんでしょ。

――と同時に、ドンさんも日本で認められましたよね。新日本のリングでキックの試合をしたり。

藤原（喜明）戦、山田（恵一）戦では見事に勝利して。

ニールセン　ああ、でもあれはビジネスファイトだよ（あっさり）。

――ビジネスファイトというと……。

ニールセン　ビジネスファイトはビジネスファイトでしょ。

――わかりました（笑）。（略）

――ところで、ご存知ないかもしれませんが、新日本の永田というプロレスラーが、PRIDE王者のエメリヤーエンコ・ヒョードルと闘って無策で敗れたことを、前田さんが批判したんですよ。それに対して永田選手はドンさんと前田さんとの試合を揶揄したんです。自分とヒョードルの試合と、前田vsニールセンはジャンルが違う、というような感じで。

ニールセン　まあ、そのナガタって選手がどう感じようと、それは彼の自由だよ。ボクは気にしないね、昔の話だし。20年前のことでいちいち目くじらを立てたってしょうがないよ。ただボクが若い頃だったら、ブッとばしていたかもしれないな（笑）。

（『kamipro　紙のプロレス』No・92　エンターブレイン　２００５年刊92頁　格闘技人気の源流はこの男にあり！　前田日明と激闘をくり広げた〝伝説の男〟をタイでキャッチ!!　ドン・中矢ニールセン）
○I氏の分析　２０１７年8月15日、ドン・中矢・ニールセン逝去。享年57歳。謹んで哀悼の意を表する。ニールセン最後のインタビューが、「逆説のプロレスVol・9新日本プロレスvsＵＷＦ「禁断の提携時代」マット秘史」（２０１７年8月17日刊22頁）に、「前田戦は結末の決まっていない「リアル・ビジネス・ファイト」だった！」と題して掲載されている。インタビューでニールセンは、「彼（前田）をKOしちゃいけなかった」と語っており、「kamipro 紙のプロレス」（No・92　2005年刊92頁）での「「アーリーノックアウトはダメだ」って言われた」から微妙に証言が変わっている（「早いラウンドでの」という限定に触れていない）。

前田の印象については次のように語っている。

——実際に対戦してみて、前田選手のファイターとしての力をどう思いましたか？

ニールセン　マエダは身体も大きいし、パワーもあるプロレスラーだった。だがキックボクサーではなかった。だから、彼の打撃は、私たちキックボクサーの打撃とは違ったね。

——前田選手のほうが体重がかなり重かったですが、彼の蹴りより自分の蹴りのほうが強烈だった、ということですか。

ニールセン　違うタイプの蹴りだったね。

——20キロ以上体重が重い前田選手のキックを受けて、ダメージはありましたか？

ニールセン　いや、なかったね。さっきも言った通り、試合の後、私は六本木に踊りに行ったくらいだから（笑）。

こう語ってはいるものの、実際にはレガースを着けた前田のローキックに尻餅をついたり、インローに顔をしかめたりしている。『週刊ファイト』１９８６年12月19日号5頁のインタビューでは、前田との再戦について聞かれてこう答えている。

「そのつもりだ。今度闘えば勝つ自信はある。この前はサブミッションを十分研究できていなかったことと、マーシャルアーツでは禁止されている足の内側へのキックを受けて負けてしまったが、同じ手は2度と食わない。1Rで倒すつもりで向かっていく」

○I氏の分析　「彼のキックはUWFスタイルだった」（『紙のプロレス』）とは、レガース着用のことを言っているのかもしれないが、「違うタイプの蹴り」（『逆説のプロレス』）とは、足の内側へのキックを指していたのかもしれない。それにしても具体的な説明は避けた上「ダメージはなかった」とも語っており、率直に答えているようで自分の弱みは見せていない。時の経過と共に、自分のプライドを守る方向に発言が変遷している印象を受ける。

■『週刊プロレス』１９８６年10月28日号8頁

初めてベールを脱いだニールセンのファイトは、1年3カ月前のビデオのものとは打って変わっていた。それもそのはずだ、前田がサブミッションを仕掛けると、その瞬間ロープに飛びつく、しかも反撃しながらだ。

試合後の談話によると、ニールセンは3カ月も前からロスのジェット・センターで、初レスラー用のカリキュラムをこなしていたという。あの逃げ方はベニー・ユキーデから習ったものだそうだ。

1R、左のストレートが前田の顔面を直撃する。この一発で戦意を喪失しかけ、試合後2時間も、前田は記憶が途切れることになる。3カ月前からトレーニングに励んだニールセンと、2週間前に試合の存在を知らされた前田、このハンディは計り知れないほど大きかった。

■『週刊ゴング』1986年10月31日号31頁

※前田のプロレスは凶器だった　ドン・ナカヤ・ニールセン

「アメリカで俺は俺なりにプロレスを研究してきた。ロスでプロフェッサー・タナカに教え込まれた。しかし前田のプロレスは全く別のプロレスだった。奴のプロレスはプロレスではない。奴のは凶器だ。今、思い起こせば4ラウンドで右足をやられた」

※私は格闘家・前田日明の素質にホレ込んだ　〈新格闘術・黒崎道場師範〉黒崎健時

「この試合の勝敗を決めたのは、4Rに放った前田のニールセンの膝の内側を狙った低いキックだ。これでニールセンはガクッときた。あの瞬間ニールセンは本当の意味での戦意を失ったのだ。あとの1Rは意地で戦ったようなものだ」

○I氏の分析　少なくともWKAで闘っていた前田戦当時のニールセンは、ローキックがあまり得意ではなかったのではなかろうか。しかし、プロレスラーに少しでもキックで遅れを取ったとは、プライドに賭けて言いたくはなかったのではないか。

これらの二つの戦いについては、後段であらためて詳細を語ろう。
年が明け、新日本プロレスとの業務提携が成立して、ＵＷＦは古巣新日本プロのレスラーたちと新しい戦いをくり広げることになる。年表にもどろう。

【１９８５年】
12月６日
新日本プロレスと提携したＵＷＦの５選手、前田日明、高田伸彦、山崎一夫、木戸修、藤原喜明が同団体の両国国技館大会に登場。前田は「１年半、ＵＷＦでやってきたことが何であるか確認するためにやってきました」と挨拶。

殺気を孕んで新日本と合流

新日本プロレスとＵＷＦの業務提携について、こう書いている。

●新日本プロレスのリングに上がった前田は、当然のようにアントニオ猪木に挑戦する。プロレスの試合である以上、猪木と前田が戦えば、猪木の勝ちは動かない。猪木にカネで買われている前田には、あらかじめ決められた結末を動かすことは不可能だ。だが、猪木は前田を信用することができなかった。これまで前田は何人ものレスラーを傷つけ壊してきた。たとえ相手を負傷させても、少し頭を下げればそれで済むと考えている。職業意識が低く、観客の満足よりも自分の感情を優先させてしまう。前田は、自分をＵＷＦに置き去りにしたのは猪木だと考えている。

猪木が前田に向かって「お前はＵＷＦに行け」と言った事実はなかった。だが、前田は「猪木もあとからＵＷＦに参加するから」という新間寿の言葉を信じた。そしてＵＷＦにこなかった猪木を深く恨んだ。

（『１９８４年の～』２５１頁）


柳澤は人間の生活のあらゆる事情を捨象してしまって、おおざっぱこのうえない文章だと思うが、「猪木に金で買われた前田」と書いている。これを読んだ本人がどんな気持ちがするか、想像したことがあるのだろうか。そういうことは気にするようなことではないと思って原稿を書いているのだろうか。また、なにを証拠に以下のような文章を書いているのだろう。「これまで前田は何人ものレスラーを傷つけ壊してきた。たとえ相手を負傷させても、少し頭を下げればそれで済むと考えている。職業意識が低く、観客の満足よりも自分の感情を優先させてしまう」。

八十五年の十二月末時点で、だれを負傷させ、だれを壊したというのだろう。「壊し屋」というのは、前田のギミックであり、プロレス的な売り言葉なのだ。それをわざと趣旨をねじ曲げ、事実のように書いている。特に「職業意識が低く、観客の満足よりも自分の感情を優先させてしまう」という部分については、ギミックの範囲を逸脱してしまった、著者に責任のある文章である。これと同じような文章がもうひとつある。

●長州にはすべてが気に入らなかった。相手にケガさせてばかりいる下手くそなレスラーが、格闘技について何ひとつ知らない無知なファンに支えられて増長していることも、格闘技経験を持たないＵＷＦの連中が「自分は強い」と勘違いしていることも。

（『１９８４年の～』２５７頁）

この文章も長州力の気持ちとして書いたつもりなのだろうが、流れは地の文である。長州が考えたことにしても柳澤本人の考えであるにしても、そう書く根拠が示されなければちゃんとした文章として成立しない。ここでの「格闘技経験」とはなんなのか、アマチュア・レスリングのことなのか。この作家はこういう小狡い文章が多すぎるのである。

それにしても、どういう見識からこういう文章が出てくるのだろうか。表現は自由でなければならないが、同時に、そう書くのであれば、そう書くだけの論理的なエビデンスを指し示さなければならない。柳澤の言っている［格闘技］の定義はなんなのか。ユニバーサル時代のＵＷＦに集まっていた観客たちは格闘技について何ひとつ知らない無知なファンであるというのであれば、格闘技というのはこういうモノだという正しい概念を説明しながら、批判をしなければならない。

このあと、編者が２１０頁のところで引用する、彼のプロレスと格闘技を比較しようとした部分が、格闘技の概念だというのだろうか。だったら、プロレスと格闘技の差異はどこにあるのだろうか。それともこれはフィクションで創作小説の一部だから、なにを書いてもかまわないというだろうか。

このころの前田（それと高田）が、レスラーとして周りからどう見えていたかについては、こんな話がある。

■高田の記録

「馬場さんから呼び出されました。知人を通じて電話があって、赤坂にあるザ・キャピトル東急ホテルまで出てこられないか、と。それまで、ぼくは馬場さんに対する憧れはもっていなかったんですけれど、実際に生でお会いしてみたら、やっぱりあの大きさですから威圧感がすごいわけです。馬場さんはストレートに、うちでやらないか、面倒を見てやるからっておっしゃってくれた。生活も苦しいだろって。まったく迷わなかったといったらウソになりますけど、馬場さんが考えてらしたのは、はっきりいえば高田延彦というレスラーの一本釣りだったと思うんですよ」（略）

同じような誘いが前田のもとにも届いていたこと、そして彼が出した答えも自分と同じだったことを知るのは、それからしばらくたってからのことである。

（『泣き虫』119頁）

この挿話からも前田と高田については、ジャイアント馬場にとっても魅力的なキャラクターのレスラーだったということがわかる。

●前田は新聞から数百万円の移籍金を受け取り……

（『1984年の～』252頁）

□前田の発言

何度も言うようだけど、オレは現金は受け取ってない。田中正悟（当時、前田のマネジャー格だった人）がくすねたのかも知れないけどね。

柳澤はたぶん、自分の書くものがここまで徹底的に検証されるとは思っていなかったのではないか。しかし、プロレスは何でもありかも知れないが、たとえプロレスに関するものでも、原稿書きはそういうわけにはいかない。ノンフィクションと称するのであれば、読者には事実を書いたものとして読まれるのである。とくに記録（ドキュメント）を公称していればなおさらだ。憶測であれば憶測であることをはっきり文章として明記しなければならない。リアルをフェイクだと書いたら、誰でも怒る。現実に、当事者の前田が猛烈に怒っている。

【1986年】

1月3日
東京・後楽園ホールで約1年半ぶりに新日本マットに参戦。猪木への挑戦権を懸けたUWF代表者決定リーグ戦がスタート。以後、新日プロの中堅選手たちと抗争を続けるが、アキレス腱固めなどのUWFお馴染みの技が、新日勢を苦しめた。

1月26日
前田日明、豊川市民体育館で藤原喜明と対戦。11分31秒、腕固めで対藤原戦27戦目で初勝利。

2月5日

大阪城ホールで猪木への挑戦権を賭けて『UWF代表決定戦』で前田と藤原が闘う。延長戦の末、前田は藤原の足固めに敗れる。

2月6日

東京・両国国技館。UWF代表の藤原がA猪木と対戦。藤原のアキレス腱固めに対して猪木は「角度が違う」と挑発。試合はスリーパー・ホールドで猪木の勝利。試合後、猪木の急所蹴りに激怒したセコンドの前田日明が乱入。ハイキック一発で猪木を倒し、前田は「猪木ならなにをやってもいいのか」と絶叫。

このころ、新日本プロレスとUWFとの関係は実態としてどういうものだったのだろうか。業界事情通A氏のコメントなのだが、当時の前田日明とUWFについてこんな記述がある。

■事情通A氏の考察　新日本はユニバーサルをナメていましたよね。というより、前田をナメていましたよ。提携を結んでしまえば組織的に自分たちの方が上だという意識がありましたから、すぐに前田たちをコントロールできると思っていたんです。いい例が団体抗争です。新日本側は当初から軍団抗争を企画したのに、前田は安易な形での新日本正規軍との対抗戦に乗らなかった。（略）冷静に考えてみれば新日本とユニバーサルが提携を結んでいる以上、前田がこうしたい、ああしたいという要求を出すのは当然なのですが、新日本の一部の幹部はその前田の言動にカチンとくるわけです。（略）（それで）外人選手をそそのかして前田にケガをさせるような試合をわざと組むわけです。ケガでもすれば少しはおとなしくなって、自分たちのいうことにも耳を傾けるだろうと信じ込んでいたんじゃないですか。

（『無冠　前田日明』173頁）

たぶん、右の文章のなかの「新日本の一部の幹部」のなかには猪木は入っていない。『自伝』でもわかるように猪木の前田に対する思いも複雑だったようだ。

□前田の発言

もちろん、新日本は選手の数が足りなくて困っていた、みたいなことがあるんですが、それだけじゃないと思うんですよ。なんか、業務提携でもどってゴチョゴチョもめている最中に、当時、携帯電話が出始めたころで、肩からかけるでかいヤツが使われていたころだったと思うんですけれど、猪木さんから電話がかかってきて、いまから代官山に来ないかっていうんですよ。それで、飲みながらだったんですけど、猪木さんと腹を割って話をした。猪木さんは「いろいろあると思うけどなんとかうまくやっていこうよ」って言ってましたね。

たぶん、お前が黙ってプロレスをやってくれるんだったら、おれは負けてもいいよ。そのかわり、新日本の後を頼むよ、というのが、このときの猪木のもうひとつの本心だったのではないかと思う。しかし、前田は自分がＵＷＦのなかで培ってきた新しい形のプロレスを修正（修悪？）して新日本のプロレスに合わせようとはしなかった。

2月22日
サイパンにてUWF勢四人が5日間の特別キャンプを行う。
3月9日
藤原喜明が演歌「湯の町ひとり」をレコーディングする。
3月14日
鹿児島県立体育館で高田伸彦、前田日明、藤原喜明組と星野勘太郎、木村健吾、藤波辰巳組が激突。結果は前田が星野をアキレス腱固めで破る。このころ、怒りのおさまらない前田はアントニオ猪木にシングル対決を再三要求するが、猪木はこれを無視。
3月21日
岐阜産業館で、A・猪木、上田馬之助組と前田日明、藤原喜明のタッグマッチが行われ、13分55秒、A・猪木が藤原に反則勝ち。

このころのA・猪木については、前田の著書『パワー・オブ・ドリーム』のなかにこんな文章がある。前田はこれを「レスラーとしてのギミックを前提にして書いたものなんです」というが、一応、紹介しておく。

□前田の記録

――ついにタッグマッチでオレと猪木さんがぶつかることになった。オレのパートナーは藤原さん、向こうは上田馬之助さんだ。今までは逃げ腰でも、いざリング上でやり合うとなったら、猪木さんのことだから、「ようし、来い」とケンカマッチを受けて立つものとオレは思っていた。オレの知っている猪木さんは、そういう強さを持っている人だったからである。ところが、オレが平手をかませてもキックを叩きこんでも、猪木さんは反撃のポーズは取るものの、ガーッとやり返そうとはしなかった。終始腰が引けているのだ。なんだか猪木さんも本当に歳を取ってしまったな、とオレは思った。これではセメントで叩き潰す気にもなれなかった。仮にもオレの師匠にあたる人だ。その人が衰えたのを肌で知るのはやはり寂しいものだった。

（『パワー・オブ・ドリーム』344頁）

3月26日
東京体育館で猪木、藤波、木村健吾、星野、上田馬之助と、前田、藤原、木戸修、高田、山崎による5対5のイリミネーション・マッチが行われる。UWF勢は関節技で大健闘したが、最後は猪木が勝ち残り、新日プロ軍が勝利を収める。

4月25日
前田日明、熊本市体育館にてD・マードックと対戦。反則勝ちに終わる。

4月29日
前田日明、津市体育館でA・ジャイアントとシングル対決が実現。前田のローキック攻撃でアンドレは大の字になって戦意喪失し、結局、新日プロ、UWFの両軍の乱入で無効試合に終わ

る。不可解な顚末だった。最初にセメントマッチを仕掛けてきたのはアンドレの方だったという。この試合はTV収録されたが、結局放映されなかった。

柳澤は格闘技とプロレスの違いについて、次のように説明している。

●すべての格闘技は、ルールの範囲内で相手に痛みやダメージを与えることを許されている。相手を失明させても、手足を折っても、時に死に至らしめても、罪に問われることは決してない。格闘技の目的は、相手を戦闘不能状態に追い込むことにあるのだ。

一方、プロレスは格闘技とはまったく異なるものだ。目的は観客を興奮させることにあり、そのためにふたりのレスラーは結末の決められたショーを演じる。たとえばボディスラムでAがBを投げる。単純な技だが、頭から落とせばそれだけで大ケガをさせてしまう。試合は盛り上がらず、翌日の興行にも差し支える。だからこそ、投げるAは投げられるBを守る義務を負う。BはAを信頼するからこそ微妙な体重移動を行ってAの投げに協力し、派手に投げられて大きな受け身をとる。「これは痛そうだ」と観客にハラハラしてもらうために。信頼関係と協力関係によって支えられるプロレスには「相手を傷つけてはならない」という厳然たる不文律が存在するのである。ところが前田日明はこの不文律を破り、来日した外国人レスラーに軒並みケガを負わせた。

（『1984年の～』259頁）

プロレスと格闘技はどこが違うのか

これも根拠のない言いがかりだ。この時期に来日したレスラーの誰が前田にケガをさせられたというのか。

すべてのプロレスがすべての格闘技とおなじように「ルールの範囲内で相手に痛みやダメージを与えることを許されている」し、相手を「時に死に至らしめても、罪に問われることは決してない」のはプロレスも同じである。「相手を傷つけてはならない」というのも、格闘技もプロレスも同じ。格闘技だから相手の腕を折ったり、片眼を潰してもかまわないというようなことはない。プロレスも格闘技もそういうことに法的な罰則はないが、人道的、社会的には許されず、それなりの社会的制裁を受ける。ここでもう、この人の分析はヨレヨレである。

柳澤はふたつのものを比較しようとしているのだが、格闘技とプロレスを共通する物差しではかろうとすると、両者にじつは差はない。それで、プロレスはショーだと言い出すのだ。しかし、格闘技も現代社会では興行という形態でプロレスと並ぶ大衆的な娯楽の一つになっている。観客を興奮させるし、格闘技なりの結末を（時間制限やKOや判定などで）決めている。そこのところも、そういえばプロレスと同じである。両者の最大の差異は勝敗の意味と反則についての考え方なのである。この作品は雑誌に連載されたものだというが、雑誌の見識も疑われるし、特に、担当の編集者の素養・見識が全面的にダメである。前章で斎藤文彦の〝キャラメルクラッチ〟についての嘆きを紹介したが、文藝春秋の校閲は機能しなかったのだろうか。話を基本的な大枠にもどそう。

『1984年の～』はUWFの誕生から崩壊までの6年数カ月をなぞったノンフィクションと称した読みもので、現実の時間経過はユニバーサル、業務提携時代、新生UWFとそれぞれ約二年ずつの体裁で分けることができる。

どの時代もそれぞれ違う意味があって、それぞれ重要なのだが、この作品の区分けられた時代に合わせた分量を調べるととても面白い。ユニバーサルに二百四十頁余、新生UWF以降の話に百五十頁あまり使っているのだが、新日プロとの業務提携時代には二十六頁しか割いていない。これはなんなのだろうか。日数的な長さも三時期とも同じように2年前後で、とくに真ん中の2年間(新日プロのもとで立ち働いた2年間)は前後の時期とまったく異質な時期だった。全体のなかで、約三分の一を占める、重要な時期なのである。

この業務提携の約二年間は、人間にたとえれば、親離れできず、実家で生活している若者みたいなもので、まだ十代の少年から、いろいろな修練をしていろいろなことを身につけて大人の男に成長していった時期なのである。この時期を軽視することの意味とはなんなのだろう。この時期というのは、要するに、前田日明にとっては業務提携の苛酷な就労状況のなかで、ユニバーサル時代の経験を元に独自のプロレス・格闘技観を思想として深めて、節を曲げず、次第に本格的な『総合格闘技』の思想を形成していった時期なのである。

現実にこの時期に彼は散々に苦労し、周囲に気を遣いながら、真剣で立ち会ったときにも相手を切り捨ててみせる切れ味鋭い技量の持ち主であることをみんなに認めさせた。つまり、前田のレスラーとしての強さが次第に周囲に理解されていき、やがて、新格闘王の称号が与えられるのだ。

四月に入ったある日、突然、前田日明とアンドレ・ザ・ジャイアントの試合が組まれる。

二日前に対戦が発表された。当時の『東京スポーツ』が手元にあるのだが、そこには「二十九日の津大会で急遽実現することを二十七日に新日プロ関係者が明らかにした」とある。二人ともＩＷＧＰのリーグ戦に参加するが、ＡとＢのリーグに分かれていて、このままではシングルの対戦がない、魅力的な組み合わせなので、実現することになったというのが、表向きの説明だった。この試合の仕掛け人について、前田は「やっぱりたぶん、坂口さんが考えたことじゃないかと思うんですよ」と言っている。これは有名な試合である。

■『週刊プロレス』１９８６年5月2日号

１９８６年4月29日、三重県津市体育館。アンドレ・ザ・ジャイアントは前田日明をリング上で制裁することにした。『週刊プロレス』の安西伸一記者は、日本プロレス史に永遠に残る試合について、次のように書いている。

〈アンドレは、むかってきた前田をつかまえると、上からグーッとその全体重（２５０キロ）を乗せるように、のしかかっていく。不自然な形で2人の体が、重なって崩れる。この時、前田の足首はグニャリと曲がり、折れる寸前までいっていた。前田の体は、手の平で丸まるタマムシのように、丸めてつぶされた。そして異常な絞め上げ方のフルネルソン。前田の体が人並み以上に柔らかくな

かったら…と思うと、本当にゾッとする。（中略）

リングサイドにいた星野が、「アキラ、行け行け」と声を出した。すると前田は「行っていいんですか!?　本当に行っていいんですか!?」と、構えながら何度も星野に言葉を浴びせた。声に詰まる星野…！　前田は、今まで見せたことのなかったような、激しく速いキックを、アンドレの左ヒザに叩き込みだした！　アンドレの腹の肉が、そのたびに、ひきちぎれそうに揺れる！　左足もついに、赤く腫れあがってきた。

危険な事態に驚いたアントニオ猪木が、20分過ぎ、とうとうリングサイドまで現れた。（中略）そして前田は、信じられないことだが、右足の裏でアンドレの左ヒザの皿を蹴り出した!!　正真正銘、ケンカの蹴りである。ついにアンドレは、その巨体をグラリと揺らして、トップロープにもたれかかった！　その時トップロープは、本当にちぎれるかと思うくらい、激しく伸びた。（中略）

6度目のアンドレのダウン。もうアンドレには何もする気がない。ついに猪木は再びリングに上がり、ＵＷＦ勢もリングに飛び出してきて、レフェリーは「リングベル！」とゴングを要請。26分35秒の長い試合は、「無効試合」として終止符が打たれた。

（『１９８４年の～』２４６頁）

□前田の発言

自分たちが業務提携で新日プロのレスラーたちといっしょにやるようになった時に、それまでユニバーサルでやってきた形を変えなかったんですよ。そのやり方が自分たちのプロレスだと思ったし。そのＵＷＦのプロレスというのはハードヒットなんですよ。なんていうか、いい加減に防御し

ようとすると、ひどい目に遭う。ある程度、ちゃんとした防御をしないとホントにひどい目に遭う。なんか試合が終わったあと、吐いちゃったりとかそういうことが起こるんです。

このUWFのハードヒットは新日本に所属する日本人レスラーたちにとっては災難でいい迷惑、外人レスラーたちにも評判が悪かったらしい。とくに前田の繰り出すワザはいかにも本人が強そうに見える、ある程度の破壊力を持っていて、対戦をいやがっていたということがあるのではないかと思う。全体に「前田つぶし」というべき動きがすでに始まっていたのである。どうしてこんなことを書くかというと、じつはこういう文章があるのだ。

□前田の記録

試合中にいろいろと仕掛けられたけれど、その中でも一番危険だったのは当時の外国人選手の何人かが俺にだけ使ってきたボディスラム。これは本当に危なかった。普通、ボディスラムという技は相手を抱え上げて肩や背中から落とすんだけど、俺の場合は、抱えられた後、真っ直ぐ頭から落とされるんだ。頭は真っ直ぐ落とされると、衝撃から逃れられないから首にダメージが残って大ケガをしやすい。だから、いつも抱えられて投げられる瞬間、自分の体を目一杯丸め込むような体勢にして頭から落とされないよう受け身を取っていた。そういう意味でも当時は気が抜けない試合ばかりが続いたね。当時の状況を振り返る報道などで外国人選手をそそのかしていたのは猪木さんじゃないかといわれているけれど、それは違うと思う。俺はそそのかした人物を知ってるけど、今

さら口にしても仕方ないから言わない。ただ、リングに関して言えば、アントニオ猪木という男はそこまでせこくないということだよ。

（『無冠』173頁）

□前田の発言

アンドレ戦というのは急に決まったんですよ。一日か二日前です。そのころ、テレビガイドみたいな雑誌に、毎週、テレビの番組表が載ってるじゃないですか。それの「ワールドプロレスリング」の紹介のなかにはオレとアンドレの試合は載っていないんです。視聴率が上がんないから、もっと面白い組み合わせの試合をやれって言われたのか、なんなのか急にアンドレとやれって言われて。

アンドレっていうのは、当時、世界一の高給取りのレスラーですよ。プロモーターとしての猪木さんでもアンドレの意向に逆らえないようなところがあって、誰もアンドレを完全にはコントロールできないいんですよ。それで、試合前に、アンドレが「今日こそあいつをとっちめてやる」というようなことを言って息巻いて、本気でやってくるという話を聞いていて、おれはアレ？と思ったのね。そんなこと猪木さんが許すはずないと思ったんですよ。いくらなんでもテレビの試合でそれはやんないだろう。テレビでそれやったら、プロレスの仕掛けがもうばれちゃうわけじゃないですか。だから、そんなことしないと思っていたんですよ。

それで、試合が始まって、なんとかプロレスにしようとしたんです、がんばって。だけど、なんか、どうしようもないんですよ。パッとタックルにいったんですけど、あのころのアンドレって体重二百六十何キロですよ。思い切りガシャッとつぶされて。あの体重でうえからグシャッとつぶされたらどうしようもないんですよ。たまたま辛うじてロープに逃れて、なんとかなりましたけど、これ（リングの）真ん中でやられたら、息もできなかったな、やばかったな、と。これ、気をつけないといけないな、と思ったんですよ。

それで、一、二回、そういう警告行為をして、そのあと普通にプロレスを始めるということもあるので、まあ、相手に身をまかせる感じで、相手に応じてみるかなと思って、パッとやったら（身体を相手に合わせたら）パッとフルネルソンをやってきて、アッ、フルネルソンやってきたんだと思ったら、思い切り身体に力を入れて来て、首のところ、あ、これ以上やったらオレの首、折れちゃうなと思うくらいやられて。これ、ヤバいな、と思ったら、パッと離して。やったな、ア、これ本気だなと思って。

テレビの試合でいきなり真剣勝負なんてアレだしね、どうしたらいいかな、と思って。気が抜けないし、弱ったなと思ったんですよ。そのとき、うしろに（セコンドの）星野さんがいたから、「星野さん、オレ、どうしたらいいんですか」「コイツ、なんか本気じゃないですか。やっていいんですか。やんないとオレ、やられちゃいますよ」って聞いたんですよ。やっていいんですか？ って聞いたら、星野さんが、「オレに聞くな」「オレに聞くな」っていうんですよ。

困ったなあと思ってね。やんないとオレ、ケガしちゃいますよって言ったんです。それでも星野さんは「そんなこと、オレに聞くな」って言うんですよ。どうすればいいかなと思って、相手の身体を避けて、こうやってタックルにいくと、パッとロープブレイクみたいなことをやるし、なんかこれじゃあ、プロレスもクソもないなと思って、捕まらないように逃げ回ってたんですよ。どうなんだよどうしたらいいんだよ、と考えながら。

じつは、昔ね、似たようなことがあったんですよ。徳島で、猪木さんとアンドレがやったときに、アンドレがね、試合前にバーボン（ウィスキー）をバーッと五、六本、飲み過ぎて酔っぱらって、猪木さんがなにを言ってもいうこと聞かなくて、猪木さんをはらいのけて、どういうつもりなのか、ワーとかヤーとかいって阿波踊りを踊りはじめた。試合にならずどうしようもなかったので、猪木さんが困って他の外人選手を乱入させてノーコンテストにした。そういう試合があったんです。その試合を思い出していた。

ああいう（ガチンコの試合の）時というのは逆にすごい冷静なんですよ。あの時はもう、この試合はノーコンテストしかないだろうな、と思った。それで、こっち（会場の方）をみたら、アントニオ猪木がこうやって、腕組みして試合を見ているんです。レスラーたちがみんな、オレたちを見てるんですよ。それで、オレは（誰かが仲裁に）入ってくるぞ入ってくるぞと思っていたんだけど、誰も入ってこないんです。そしたら、藤原さんがバーッと走ってきて、「お前、なにやってるんだ。いかないと殺されるぞ！　いけ！　そのために練習してきたんだろう！　いけ！」っていわれた。そうかと思って……


ここから、前田の逆襲が始まる。

□前田の発言

いまのオレだったら、金的蹴ったり、タックルで倒したときに顔面をカカトで踏みつけたり、そういう（凶悪な）こともできると思うんですけど、なんでか当時はできなかったですね。なんでかというと、いずれ自主興行するという前提があって、新日のマットに立っていて、テレビ中継のなかで事故を起こすと、テレビの試合で事故を起こした張本人だということで、テレビとの関係が悪くなるから気をつけろ、ということを色んな人から言われていたんですよ。なんか無茶なことはやっちゃいかん、やっちゃいかんと思いながらいたんです。でも、まあ、いま考えてみると、本当にあそこまでやってよかったと思いますよ。

前田のアンドレに対する反撃は凄まじいものだった。本気で戦う気になったときの前田がどれほど恐るべき凶暴な戦闘マシンになるか、周囲にそれを思い切り見せつけた。

□前田の記録（『格闘王への挑戦』66頁）
２日前に急遽決まった前田VSアンドレ戦。アンドレは半身の姿勢で構え、前田はその左足にローキックを放つ。アンドレにプロレスをしようという気配はまったくなかった。ショルダー・タックルにきた前田の顔面にヒジ打ちを叩き込み、吹っ飛ばしてしまう。ケンカである。この異常事態に前田の表情がサーッと険しくなった。前田が放つニー・キック、ドロップ・キックは、ことごとくアンドレに叩き落とされてしまう。勢いをかってアンドレは前田に、２００キロの全体重をかけたプレス攻撃、フルネルソン、首絞めと戦意むき出しである。

その異常さに前田は、リングサイドの星野勘太郎に「本当にやっていいんですね。やっちゃいますよ！」と怒鳴るやいなや、アンドレの左足にバシッと強烈なローキック。それまでのローキックとは音がはっきり違っていた。アンドレを引き倒すと、アキレス腱固め、腕ひしぎ逆十字と矢継ぎ早に攻めたてる。これほどの攻撃を受けたアンドレは見たことがなかった。リングサイドにはいつ来たのか、立ちあがり、身を乗り出して試合を観戦するアントニオ猪木の姿がそこにあった。そしてこの異常事態にリングサイドはＵＷＦ陣営、新日本プロレス陣営でごったがえした。前田の続けて繰り出す関節蹴りの前に、アンドレは顔面を苦痛にゆがめる。足を引きずりながら、アンドレはリング中央で両手を広げて戦意喪失のポーズを取った。

26分35秒ノーコンテストだった。リング内にドーッとなだれ込む、ＵＷＦ勢と、新日本プロレス勢とは一触即発の危険性をはらんでいた。

この文章は、編者が資料を一渡りして見つけたこの試合を紹介した文章のなかでもっとも簡潔なものなのだが、実際、相当に緊迫した状況だったようだ。新日側の通路には、猪木以下、選手全員が出てきて、リングの成りゆきを見守っていて、その反対側の通路では、外人選手たちも勢揃いで同様に試合の成りゆきを見守っていたという。止めに入る人もいなかった。

前田はこの時、初めて、自分が罠にはめられたのだということに気づくのである。試合の異常さがヒシヒシと伝わってくる。

アンドレ・ザ・ジャイアントとの死闘

□前田の記録

異変に気づいた藤原さんが、控え室を飛び出してきてリングサイドに駆けつけ、「構わねえ、殺せ！」と怒鳴った。あまりの異常な試合に、会場のファンも声を出すのを忘れて見守っている。「オレ、本当にやりますよ。いいんですか」セコンドについていた星野さんにそう尋ねたが、「オレに訊くなよ」と星野さんもどうしていいかわからないで困っている。

ふと、新日側の通路の奥を見ると、控室から猪木さん以下選手全員が出て来て、リングを眺めている。その反対側に目を移すと、外人選手も勢揃いで控え室から出て、成り行きを見守っている。（略）オレは罠にハメられたのだ。どうやら、自分の身は自分で守るしかないようだ。「いいから殺っちまえっていってるだろ！」藤原が再び、じれたように叫んだ。（略）片足を狙って（タックル）、一気にアンドレの体の下に潜った。アンドレがこらえたが、オレが両腕をグッと引きつけると、巨体がもんどりうって倒れた。すかさず腕ひしぎ十字固めだ。だが、腕が長すぎてホールドできない。そこで、手首を腋にはさんで腹を突き上げたら、今度は肘が伸びた。しかし、ギブアップを奪うまでには至らない。次はアキレス腱固めを仕掛けた。が、これも足首を抱えるのがやっとで、完全には決まらない。それならばと、アキレスから手首を返して踵をホールドし、ヒールホールドを決めた。ゴッチさんに教わった殺し技のひとつだ。しかも、この技は足首から下をテコに利用するので、

アンドレのように足が大きい方が決まりやすい。思い切って踵を返したら、アンドレの膝の内側靭帯が、ベキベキという音を立てて伸びた。「ＮＯ！」さっきまで余裕を見せていたアンドレの顔が苦痛にゆがんだ。オレは立ち上がると、膝関節にガンガンとローキックを叩きこんだ。アンドレもよろめきながら立ち上がる。やはり怪物だ。

オレは一旦、間合いを取って、飛び込みざまに、正面からアンドレの膝に関節蹴りを叩きこんだ。倒れたアンドレに向かって、「お前がその気ならオレもやるぞ」とオレは英語で凄んだ。アンドレは大の字にひっくり返ったまま両手を大きく開げ、「イッツ・ナット・マイ・ビジネス」つまり「オレの仕組んだことじゃない」と言って、これ以上闘うつもりがないという意思表示をした。そのままノーコンテストのゴングが打ち鳴らされた。

（『パワー・オブ・ドリーム』３４８頁）

この試合の影響は大きかった。要するに、周囲の人たちは前田のプロレスラーではないファイターとしての本当の強さをあらためて見せつけられた。

以下は本章の冒頭部分でも一部引用したが、アンドレに同行していた、「前田は男じゃない」というマスクド・スーパースターの回想の続きである。

●この試合を目撃したマスクド・スーパースターは、前田日明は最悪のレスラーだと証言している。
〈正直に言おう。マエダはガッツがなく、自分のことしか考えないセルフィッシュなレスラーだ。私はマエダとは何度も戦っている。ほとんどはタッグマッチだ。パートナーはマードックだった。

マエダが私やマードックを傷つけることは決してない。シュートを仕掛けられたこともない。もしそんなことをすれば、必ず報復を受けることをマエダはよく知っているからだ。我々は決して許さないからね。

だが、マエダは、スキルがなく、自分の動きについてこられない相手に対しては、徹底的に相手をつぶして自分を良く見せようとする。特にディフェンスのできない選手を相手にした時には。自分の名声を上げるためなのか、それともギャラアップのためなのか、理由はわからないが、いずれにしろ、チープなやり方であることに変わりはない。〉（DVD『マスクド・スーパースター　流星仮面　栄光の軌跡』）（『1984年の～』248頁）

これも所謂、アメリカ向けの戯言の一種である。外人レスラーの前田に対する悪口を利用して、前田の評価を下げようとしている。試合はそもそも、アンドレがシュートを仕掛けたところから始まっている。本気になった前田が思ったよりずっと手強くて、逆にやり返されたのだ。

自分の方から仕掛けたのだから痛い目にあわされたのは自業自得である。

翌日から外人レスラーたちの前田に対する態度がコロッと変わった。こんな話が載っている。

□前田の記録

翌日、（4月30日、愛知県岡崎市体育館で、俺が）**外人**（**ケリー・ブラウン**）**とシングルでやったらね。相手はビビっちゃって、勝手にひっくり返ったりしてさ。俺は何もしなかったのに、一人で試合を**

してくれたよ。その外人、ロープに押し込まれたら怖がって、俺の耳元で『I Like You.』だってさ。

（『別冊宝島179プロレス名勝負読本』宝島社刊　1993年　139頁）

□前田の発言

A・ジャイアントが同僚のレスラーを痛めつけられて制裁に及んだとか書いてありますけど、あのときのレスラー、誰もケガしていないですよ。D・マードックともマスクド・スーパースターともなんにももめてなかった。なんでもめてなかったかというと、彼らはちゃんと紳士的にプロレスをやってきてるからなんですよ。そういうプロレスの範疇をオーバーしたらやり返しますよ。だから、アンドレはそのことじゃないと思いますよ。俺が思うのはだれか、第三者からアイツは天狗になってる、ハナを折ってやってくれ、みたいな要望があったんだと思うんですよ。アンドレ自身もアメリカではポリスマンというんですか、外部から挑戦してくるヤツをやっつけるみたいなことをやってましたから。だいたい、彼の場合、投げて捉まえて、体重をかけられたらもう何もできないんですよ。

この試合の背後に一体何があったのだろう。じつはこの試合を東京スポーツも翌日の新聞で記事にしているのだが、そこでの全体の調子は、週刊プロレスとも『パワー・オブ・ドリーム』とも大幅に違っている。こういうものである。

■『東京スポーツ』1986年5月1日号

試合は開始早々から異様なムードだった。日ごろはショーマンシップ豊かな表情を見せる大巨人がアゴを引き、厳しい目で前田を見据えている。

スキもなく、しかも微動だにしない。「カモン」と前田に手招きする。大巨人の不気味なムードに前田もうかつに攻め込むことができない。意を決して敢行したタックルも、大巨人に逆に全体重を浴びせられ、潰される。大巨人はさらに前田の攻撃を待って仕留めるつもりか？　ロープに飛んで再びタックルに来た前田に凄まじいカウンターのパンチ。前田は吹っ飛ぶ。死に物狂いのニールキックも通じない。前田は場外にエスケープ。

大巨人は、カンヌキ、チョーク、フルネルソンで前田を攻めまくる。だが、大巨人が攻撃したのはここまで。前田が腕を取って足をすくい、初めて大巨人をダウンさせ、逆十字固めに決めにいったところから、大巨人に異変が起きた。（略）

何が起こったのか。この時、前田はＵＷＦの大将として、否、日本人レスラーとしてのプライドがズタズタにされていたことに気が付いたのだ。その瞬間「この野郎、日本人レスラーをバカにしやがって!!」――前田はリング上で絶叫した。「やってやる!!」。前田は大巨人のヒザに真正面から強烈なケリを打ち込んだ。足を折りにいったのだ。「大巨人？　ヒザを正面から蹴りゃあいいんだ。折れるよ」と、藤原は自らの大巨人殺しの秘中の秘を試合前に前田に教えていた。

前田は怒りが頂点に達したことで、大巨人を〝殺し〟にいったのだ。ヒザへの正面蹴りに加え、ヒザの裏側にもキック。だが大巨人は左足をひきずり出したが、表情は相変わらず。ただ、たたずんでいるだけで、反撃の構えはない。リングは異常ともいえる不穏な空気に包まれた。

この時、控室から猪木が飛び出してきた。「前田!! 攻めろ!!攻めるんだ!!」猪木はこう叫びながらリングを見据える。UWF勢も駆けつけてきた。「足を蹴りまくれ!!」と藤原が鬼のような表情でゲキを飛ばす。

猪木、UWF勢ともに、〝平行線〟の試合にイラだち、前田に徹底的に攻め続けさせることで、大巨人の日本人レスラーへの〝あざけり〟に制裁を加えるべく無意識の〝共闘現象〟を起こしたのだ。前田はタックルでフラつく大巨人をダウンさせた。だが、大巨人はダウンしたまま両腕を広げ、寝そべったまま立ち上がろうとしない。〝攻め手〟がなくなってボウ然と立ちすくむ前田。

猪木が思わず「前田、勝負だ! 勝負だ!!」と叫びながらリングに駆け上がる。それと同時にUWF勢も駆け上がった。リング上は猪木を止めようとする新日プロ勢とUWF勢がもみ合い大混乱。

この記事には「大巨人試合放棄　前田烈火　日本人レスラーバカにするな!!」と言うタイトルがついている。脇に囲みで、「猪木が大巨人放棄の謎解く発言」というコラムがついていて、猪木はそこで、こんなことを喋っている。東スポがなんとか猪木を悪役に仕立てないようにと工夫を凝らして記事を書いているような印象の文章だ。
■猪木の発言　俺が出て行ったのは、あくまで〝警告〟を与えるためだ。日明にゲキを飛ばすためだ。それをUWFの連中は勘違いしやがった。決して一騎打ちをブチ壊すためじゃない。

そんなことより、なぜアンドレが〝試合放棄〟〝戦意喪失〟とも思える行動に出たのか、俺の経験からの推測だが、ポイントは試合時間だ。ノーコンテストの裁定は二十六分過ぎに出たが、このだいぶ前にアンドレはスタミナが切れていたはずだ。ヤツの体重は尋常ではない。２５０キロもウェートのあるアンドレのことだ。今回も何度も立ったり、ダウンしたり、起き上がったりしていたが、スタミナのロスは想像以上だ。（略）

だがアンドレに対し、日明は甘かった。飛び込むのが難しかったかもしれないが、ヤツの顔面に蹴りを叩き込むなり、腕をヘシ折るなりの覚悟で立ち向かっていくべきだった。これだけのチャンスを前にして立ちすくんでしまったのは日明は甘かったといわざるを得ない。この経験を日明が今後、どうとらえるかで、あいつの成長も予測がつく。

俺がリングサイドで飛ばそうとしたゲキもそれを考えたうえでのものだ。

なんとなく親分風を吹かしている。猪木のコメントはプロレス的で真意がよく分からないのだが、週刊プロレスではリングサイドの星野が「アキラ行け！行け！」と声をかけたことになっている。それが『パワー・オブ・ドリーム』では藤原が「いいから殺っちまえっていってるだろ！」とけしかけたことになっている。それが、東京スポーツの記事では猪木が前田に向かって「攻めろ!! 攻めるんだ!!」と声かけしたことになっている。どの文章が真実を伝えているのだろう。いずれにしても、相当に混乱していたことだけは確かである。

この試合について、じつは前田が面白いことを言っている。試合のあと、前田は怒りを収めて、控え室に戻って普通にシャワーを浴びていたらしい。そうしたら、そこに猪木がやってきた。

□前田の発言

あのあと、猪木さんがいきなり控え室にやって来て、「ありがとう、お前、よくやったなあ」って言うんですよ。「アレで正解なんだよ。前田がやったことは正しいんだ」っていわれた。それで、遠くの方にいた坂口さんは［このヤロー、チェッ］見たいな顔をしていて。あの仕掛けというのは、たぶん、坂口さんあたりが、オレがちっともいうこと聞かないから、なんとかしてくれないかってアンドレに頼んだんじゃないかと思うんですよ。坂口さんというのは、クソ真面目な人なんですよ。真面目に考えすぎてね、組織のなかで上下関係を考えて、なんでこんな下っ端の若造が上の言うことに逆らうんだ、というような。

前田はこのときの仕掛け人は坂口ではないかと推測している。実際のところ、アンドレと前田にガチンコの試合をやらせてみようという話はたぶん坂口の発案なのだろうが、猪木も了承して行われていて、猪木も坂口も前田がアンドレにコテンパンにやられちゃうだろうと思っていたら、結果は逆だった。二人ともこの試合結果に複雑な心情だったが、猪木は心情的には前田が本気を出したら面白いと考えて、前田を声援していた、ということではないかと思う。このころの坂口はテレビ朝日の意向の代弁者みたいな存在になっていた。

5月1日
東京・両国国技館。山田恵一、坂口征二、越中詩郎、木村健吾、藤波辰巳の藤波組と高田、山崎、木戸、藤原、前田の5対5シングル勝ち抜き戦が実現。大将戦で、前田がキック攻撃で藤波を流血させ、TKOで破り5勝4敗でUWF勢が勝利。試合後、藤波は「前田は常識外のプロレスをやる選手」と評した。また後日、前田は「新日でオレのキックを正面から受けたのは藤波さんだけだった」と藤波を絶賛。
5月3日
東京・新宿のセンチュリー・ハイアットで、UWFの山崎一夫が北村育枝と挙式。
5月19日
東京・後楽園ホールで高田伸彦が越中詩郎を破り、第2代IWGPジュニア・ヘビー級王者となる。
5月27日
福岡スポーツセンターのIWGP公式リーグ戦で、藤原喜明とA・ジャイアントが対戦、両者リングアウトとなる。高田伸彦が越中詩郎と引き分け。IWGPジュニア・ヘビー級王座を防衛。
6月12日
大阪城ホールでのIWGP公式リーグ戦で、前田日明と藤波辰巳が対決。前田のキックを正面から受けた藤波が大流血する。最後はニール・キックとフライング・ハイキックの相打ちで22分5秒、両者KOの引き分け。藤波は翌日から負傷欠場したが、そのファイトは絶賛され、こ

の年の年間最高試合賞を獲得。また、この日、アントニオ猪木が藤原喜明を原爆固めで破る。

ドラゴン藤波辰巳との流血戦

●猪木の代わりに前田と戦ったのは、藤波辰巳だった。藤波は名勝負製造機である。相手を強く見せ、観客にとって心地よいリズムを作り出す。長州にとってもチャボ・ゲレロにとっても、藤波は最高の対戦相手だった。不器用な剛竜馬や木村健吾が、藤波以外を相手にして観客を熱狂させたことは一度もない。

1986年6月12日大阪城ホール。藤波は前田を相手に、自分の実力を存分に発揮した。不器用でプロレスが下手な大男のやたらと重いキックをすべて受け切り、自らはふだんは出さないクロック・ヘッドシザースやラリアット、ジャーマン・スープレックスを次々と繰り出して観客を興奮の坩堝に叩き込んだ。だが、前田は相手にケガをさせることに鈍感なクラッシャー（破壊者）だ。試合開始から20分が過ぎた頃、前田が縦回転のニールキックを放つと、踵が藤波のこめかみに当たり、パックリと裂けて鮮血が噴き出した。結局、試合はニールキックとレッグラリアットの相討ちとなり、両者KOによる引き分けに終わった。クリーンかつ壮絶な流血戦を観客は絶賛。のちにプロレス大賞の年間最高試合にも選ばれた。しかし、病院に急行して7針縫った藤波は、以後数試合の欠場を余儀なくされた。

（『1984年の～』253頁）

こんな文章がよく書ける。問題点。

●不器用な剛竜馬や木村健吾が、藤波以外を相手にして観客を熱狂させたことは一度もない。

剛がプロレスバカを自称して、大受けした時代があったことを柳澤は知らないのだろう。

●不器用でプロレスが下手な大男のやたらと重いキックをすべて受け切り、……

□**前田の発言**

（前田はプロレスが下手だと書かれて）「**小沢さん（キラー・カーン）は前田はプロレス、上手だって言ってましたよ**」「**あの試合でオレは藤波さんの顔面に何十発ってキック入れたけど、顔はなんともなってないですよ。加減してやってるから。オレが本気でキックしたら、数発で死んじゃいますよ。加減して当てているから受けられる**」

前田のキックのどぎつさは、アンドレ戦で証明されたばかりだったではないか。アンドレが戦闘不能に陥った前田の本気のキック攻撃を、藤波は何十発も平気で受け流していた、というのだろうか。こういう展開の試合だった。

■『週刊ゴング増刊　さらば格闘王前田日明』64頁

試合はスタート直後から、藤波のキックに対するディフェンスの甘さを知っていた前田は前回の対戦にもましてキックを多用、ロー、ミドル、ハイキックがまるで吸い込まれるように藤波の全身に的確にヒット、前田は試合の主導権を握る。藤波はそれでもラリアット、弓矢固め、パイルドライバーと頑ななまでに「プロレス技」で対抗した。旧UWF勢が参戦してから一部には「新日プロとUWFのスタイルは噛み合わない」といった意見もあったが、藤波はそんな批判に対して自らの戦いで反論を示してみせたのである。

後半戦に入っても前田の攻勢は変わらなかった。藤波はまるで、サンドバッグのように蹴りまくられてダウンを喫する。だがその度に立ち上がりファイティングポーズを取る藤波の姿は、単なる劣勢ではなく藤波の驚くべき打たれ強さを証明するものであった。そして遂に前田の一発が炸裂する。キックの連発を浴び、コーナーにつまった藤波めがけて、前田は浴びせ蹴り、前田の体が前方回転しながら、踵部が加速度を付けて藤波の顔面にヒットした。一瞬崩れ落ちた藤波の右目上から、ブルーのマットの上にポタポタと鮮血がしたたり落ちる。この一発で藤波は裂傷を負い、動きがガクッと止まった。

この試合はけっきょく、東京スポーツが主催して年末に発表される、毎年の『プロレス大賞』の年間最優秀試合を獲得している。藤波の新日本プロレス的なプロレスと前田のUWF的なプロレスが、見事にかみ合った試合という評価を受けている。この試合について、前田はこう言っている。

□前田の発言

藤波さんは、あの人が秀でているのは、そのときの流れを読むのが非常にうまいんです。これは

メインになるなと思うと、必ずちゃんとイッコ（一個）は絡むんですよ。そういう勇気がありますよね。あのときは、流れとしてUWFしかないんだから、コイツらに近づいていかなきゃどうしようもないだろうというのがあったんだと思いますね。

あの試合というのは、こうしてこうしてっていう手順を決めておいて、途中でオレが顔面にケリを入れたら藤波さんが受けまちがえたんですよ。それで流血して、オレは「なんだよ、あれだけ流血（の演出）とか止めて、真面目にやろうよっていう話だったのに、やっぱり流血かよ、高橋さん（レフェリー）がやったのかなあ」と思ってうんざりしていたら、ホントの血がポタポタ流れていて、オレの方がビックリしたんですよ。アレも前頭部の頭の中に靴紐があたって、切れて流血したんです。

藤波も自身の予期せぬ流血を試合の流れに生かして形にしていったのだから、たいしたものだ。試合結果は両者KOの引き分けなのだから、普通だと雌雄を決するために再戦、ということになって、またまたお客さんが集まるのがプロレスとして普通である。

しかし、こういう形で物語が進んでいたのに、復讐のための再戦というような話にはならなかった。藤波が嫌がったのかも知れないが、それよりも前田にも藤波にもこれ以上点数を稼がせたくないという、マッチメーカー（坂口さん？）のブレーキがかかったのではないか。

新日本プロレスは前田になんとかして懲罰を加えなければと思いはじめていた。

それがやがて、ドン・ナカヤ・ニールセンとの異種格闘技戦になっていく。

7月19日
東京・後楽園ホールで高田伸彦が山田恵一をチキンウィング・フェース・ロックで破り、IWGPジュニア・ヘビー級王座を防衛。
8月5日
東京・両国国技館で前田、木戸修（藤原喜明負傷のため代打）組が藤波辰巳、木村健吾組を破り、第2代IWGPタッグ王者となる。木戸が首固めで木村をフォール。前田が「常勝チャンピオンはありえない」と発言。
8月29日
東京・後楽園ホールで、前田、木戸修組が藤波、木村組と引き分け、IWGPタッグ王座を防衛。高田伸彦がB・タイガーを破り、IWGPジュニア・ヘビー級王座V6を達成。
9月16日
新日プロ対UWF勢の5対5イリミネーションマッチが行われ、UWF勢が逆転勝利。
9月19日
高田伸彦が越中詩郎に回転足折り固めで敗れ、越中は第3代IWGPジュニア・ヘビー級王者となる。
9月23日
東京・後楽園ホールで藤波、木村組が前田、木戸組を破り、第3代IWGPタッグ王者となる。

9月26日
前田日明、D・N・ニールセン（WKA・USクルーザー級王者）との初の異種格闘技戦へ向け、シーザー・ジムで特訓を開始。
10月2日
K・ゴッチが対ニールセン戦のトレーニングコーチとして来日し、最終調整をサポート。
10月6日
東京・六本木のテレビ朝日で、ニールセンの公開スパーリングが行われる。対戦する前田も姿を見せる。レオン・スピンクスも猪木との異種格闘技戦のために来日。
10月9日
東京・両国国技館にて『INOKI闘魂LIVE』が開催。猪木はスピンクスに不完全燃焼のフォール勝ち。前田はニールセンに5R2分26秒、逆片エビ固めで勝利。この一戦で前田は「格闘王」の称号を得る。

前田の挑戦を無視して、あれこれ言いながら直接対決を避けつづけていた猪木としては、自分の試合と前田の試合を二つ並べて、どっちが強いか、本当の格闘技の帝王は誰か、というのをみんなに見せたかったのに違いない。場所は両国国技館、観客動員一万一五二〇人、テレビ中継もおこなわれた一大イベントだった。これも前田日明いじめの一環だったのかも知れない。
前田にこの試合の話が伝えられたのは試合の十日ほど前のことだったという。

□前田の発言

あの試合はホントにプロレスなのかシュートなのか、誰もなんにも言ってくれなくて、リングに上がるまでよく分からなかった試合なんですよ。ただ、試合前に、空中さんがアメリカの様子を調べてくれたんですよ。そしたら、前田をKOしろっていう話になっている、新日本の言うことは信用するな、と。

あっちじゃ、前田をやっちゃってくれっていう話になっているって言うんですよ。用心した方がいいぞっていわれていたんです。でもテレビ中継だし、そんな騙したりすることあるのかなと思いながら、新日本プロレスからは何も言ってもらえなくて、プロレスなのかガチンコなのか半信半疑になりながら、リングに上がったんですよ。どんな感じかなと思って、ワザを受けたら本気のパンチをいきなりバーンとやられたんです。

厳しい試練に打ち克って勝利したのだから喜ばしいことだと思うのだが、この試合の模様を伝える柳澤の文章はヨレヨレである。この試合をこういうふうに書いている。

●前田は試合前、6時間に及ぶ練習に打ち込み、体重は106kgと通常より10kg近く絞り込んだ。だが、実際には前田の取り越し苦労に過ぎなかった。ニールセンは「試合を盛り上げてくれ。早いラウンドでのKOはダメだ」と言われていた。(略)前田とニールセンの試合は、通常の異種格闘技戦以外のものではなかったのだ。前田に打撃のディフェンス技術は乏しく、ニールセンがいいように打ちまくったが、前田の緊張感は観客に伝わり、観客は固唾を呑んで試合を見守った。5ラウンド2分26秒、前田が逆片エビ固めで逆転勝利すると、会場は文字通り爆発した。（略）以後、前田は〝新・格闘王〟と呼ばれるようになっていく。

（『1984年の～』254頁）

□前田の発言

あのころのオレの体重はずっと108キロくらいで、絞ったりしてないし、なんにもやってないですよ。（ニールセンとの）体重差は10キロくらいですよ。ウソばかり書かないでください。それで、コイツ（＝柳澤のこと）、バカだなと思うのは「前田は疑心暗鬼になって、ニールセンは早いラウンドのKOはダメだって言われていた」って言うんでしょ。KOするつもりだったんでしょう。ニールセンはあの試合のあと、インタビューに答えて、「前田をやってくれ」っていわれてたって言ってますよ。

この部分の柳澤の文章には間違いが二重で発生している。前田をやっつけてしまってくれと命じられているのに、体重が20キロ軽いからパワーは前田の比較にならないほど弱いというのでは、話がおかしいではないか。負けるとわかっている人に、前田をやっつけろと命じたのだろうか。

また、「前田とニールセンの試合は、通常の異種格闘技戦以外のものではなかった」というのはどういう意味なのだろう。説明に中身がない。つづく、「前田に打撃ディフェンス技術は乏しく、ニールセンがいいように打ちまくったが、前田の緊張感は観客に伝わり、観客は固唾を呑んで試合を見守った」というのも不思議な文章だ。

四つの事柄を羅列書きしているのだが、前後のつながりがおかしいから、なにをいっているのかわからない。ただ、四つの事柄が描くイメージがあるから、なんとなく様子が伝わってくる。考えてみると、なかなか書けない、いい文章なのかも知れない。こんな論理やつじつまを超越した文章は普通のノンフィクション作家にはなかなか書けない。

前田に打撃防御の技術がなくてニールセンがいいように打ちまくったのであれば、前田は倒されるはずだが、そういう描写は一切なく、前田は緊張していた、その緊張している様子を観客は見守っていた、そして、最後に前田が勝ったというのである。

前田に言わせると、この試合の運びは相当にひどいものだった。まず編者は失礼かとも思ったが、彼に「あの試合はじつは前もって勝ち負けの決まっていたプロレスだったのか」と聞いた。

□前田の発言

（この試合も）急に新日本プロレス側から言われたんです。異種格闘技戦をやるからお前も出てくれといわれて、別にやれといわれればやりますという感じでどんなヤツとやるんでもかまわないんだけど、どんなヤツなのか、どういう試合をして、どういう技術もっていてとか、大事なとこを押さえておかないといけないと思ったんですよ。そこでオレは、「ニールセンの資料をくれ！」と要求したんです。（過去の）試合のビデオとか、見ておきたかったから。ところが新日本がオレに

くれたのは過去の戦跡が書いてあるレポート用紙1枚と写真1枚だけだったんですよ。

この対戦を決めたマッチメーカーは、前田がふだんケリで新日プロのレスラーたちを痛めつけている分、ニールセンのキックで思い切りやられればいい、と思ったのではないか。真剣勝負は大阪のストリート・ファイトの時代に何度も経験していたが、プロレスの世界に入ってから真剣とわかっていて試合をするのは、初めての経験だった。

ドン・ナカヤ・ニールセンを撃破

□前田の発言

前もってプロレスなのかどうかも分からない試合をやったのは初めてだったんです。

前座の時代にプロレスなのか真剣勝負なのか、わかんないような試合はやったこともあったし、道場破りも何人かやっつけたことがあったんですが、（観客のいるところで最初からガチンコでやったのはこれが）初めてです。新日本プロレスの側に、前田はいつもそんなにエラそうにプロレスどうのこうのって言っているんだったら、異種格闘技戦やればいいんだ、というのがあったんですね。で、異種格闘技戦だって言われて、一瞬どうしようかなと思ったんだけど、わかんないんですよ、どうしたらいいいか。あのころはパンチの練習とかはぜんぜんしていないですから（プロレスの場合は相手を拳で殴ったら反則である＝註）。だけど、わかんないけどやってみればいいや、と思った。

（相手のことを知らないんだからなんの根拠もないんだけど）簡単にはやられないだろうと思って。間違いなく勝てるだろうというような確信はなかったけど、度胸だけはあったから、なんとかなるだろうと思ってやったんですよ。

普通、試合前に打ち合わせとかあるんだけど、それもなくてなんにも決まっていないですよ。アレはホントに、メチャクチャのルールなんですよ。なぜかというとね、新日本プロレスのリングというのは六メートル四方なんですよ。それで、エプロンがついているから（正味は）五・五メートルしかないんです。ニールセンは身長が一メートル九十センチあるんですよ。それで、オレも一メートル九十あるんです。で、手を広げると二メートル四十あるんですよ、オレもニールセンも。五メートルのリングの真ん中でやっていて、ロープに飛ぶでしょ、でね、タックルで倒してもロープ握ったらブレークだと。で、（あいつ）ブレークするときに、頭をボンボン蹴るじゃないですか、あれがメチャクチャ効くんですよ。おまけに、こちらは素手ということでパンチは禁止されていた。

ニールセンというのは、あれ、マーシャルアーツという格闘技の現役のクルーザー級の世界チャンピオンだったんですよ。いま、思い出しても腹が立つんですけど、五メーター四方のトコで、身長が二メートル近くあるヤツとロープブレーク無制限にあり、なんていうルールなんかじゃ試合、できないですよ。

クルーザー級というのは、体重は八十キロから九十キロまでの階級。体重は前田よりも軽いが、ボクサーだし動きは素早い。しかも、世界チャンピオンである。キックボクサーの蹴りというのはすごい破壊力を持っている。身長があるから、破壊力もすごい。回し蹴りを何度もおなじ場所に受けると、内出血して、足が動かなくなるのである。

ドン・ナカヤ・ニールセンはこのとき、二十九歳。アメリカ出身のキックボクサー。ナカヤは資料によっては中矢と書かれている、日系の三世。キックボクシングのWKA全米クルーザー級チャンピオンだった。WKAというのは世界キックボクシング協会である。

『INOKI闘魂LIVE』のメーンエベントはアントニオ猪木とボクシングの元世界ヘビー級王者レオン・スピンクスだった。レオン・スピンクスはモントリオール・オリンピックの金メダリストでプロ転向後、モハメッド・アリを判定で破ってチャンピオンの座から引きずり降ろしたヘビー級ボクサーだった。

真剣勝負だから当然のことだが、前田とニールセンの対決は壮絶な、観客を圧倒する迫力の試合になった。試合はこのあと、2年後に出版された『格闘王への挑戦』のなかではこんなふうに書かれている。

□前田の記録

試合前のUWFの控え室の空気はピーンと張りつめ、その殺気が外部の人間をまるで寄せ付けなかった。この日のために前田と2週間の特訓を行ったシーザー武志が、緊張している前田の腹をさすりながら「リラックス！　リラックスしろ！」と怒鳴る。シンサック・ソーンシリパンは緊張で堅くなる前田に「体を動かせ」と指導する。藤原喜明は「大丈夫だ、リラックス」と前田を勇気づける。そして一番後ろにカール・ゴッチが立っていた。

入場の合図が告げられると、一斉に「ウォッシャ！　行け！」と声を上げた。ゴングが鳴った。潰すか、潰されるか。（略）堅くなり過ぎた前田がニールセンの早いパンチ、蹴りを受けてしまう。ニールセンのハイキックを体で受け止めて、なんとかグランド・レスリングに持ち込もうとするが、ニールセンはロープにエスケープ。そのニールセンがスリップダウンした。そこを狙って、ニールセンのボディーに前田の蹴りがメリ込んだかに見えた次の瞬間、ニールセンの左ストレートが前田の顔面にカウンターでヒットした。前田は鼻血を出し、目の焦点が合わなくなる。一瞬ヒヤッとさせられた1ラウンドが終了のゴングで事なきを得た。

2ラウンドのゴングと同時にニー・キックを放つが、かわされてしまう。しだいに前田のガードが下がり、ニールセンのパンチをかなりの量受けはじめる。前田にチャンスが生まれたのは4ラウンドに入ってからだった。ニールセンの右ミドルキックに、ようやく前田のキックを合わせることができたのだ。ローキックから、タックル、そしてアームロック、腕ひしぎ逆十字固めと連続技が出始めた。

館内を埋め尽くした大観衆から、かつて聞いたことのないほどの大前田コールが、どこからか湧き起こる。コールというよりは泣き声や絶叫に近かった。そんな大声援を背に受けて、前田はタックルから肩固め、そして脇固めと大技の連発を繰り出していく。ついに第5ラウンド。前田は勝負をかけた。Vクロス・アームロックからアキレス腱固め、そして最後は逆片エビ固め。2分26秒、前田はついにニールセンを下した。

（『格闘王への挑戦』70頁）

□前田の発言

ニールセンはやっぱりクルーザー級のチャンピオンといわれるだけのことはありました。まず、スピードがあるし、そして足があったね。パンチを何発も喰いました。体重差が10キロあったからパンチには耐える自信があったけれど、左ストレートは強烈だった。一度、カウンターでいいのをもらった時は頭がボーッとしてしまって、青いフロアーとセコンド陣が、リング叩いて大声でわめいているのが見えるだけになった。あっイカン、オレはダウンしてたのか、立たなくっちゃー、なんて思ってたら、ちゃんと立っていたんですよ。カウンターをもらった時に、グラッとして一瞬意識がなくなったんです。終わった後、試合に勝ったというよりもほっとしたという方が本当に素直な気持ちでした。

編者は自著でこのときのことをこんなふうに書いている。

同じ年に刊行されている書き下ろし角川文庫版『パワー・オブ・ドリーム』では、1ラウンドでカウンターのパンチを食らった後、試合が終わってしばらく時間が経つまで、記憶が飛んでしまっている、というふうに書いている。どういう状態だったか、正確には不明だが、このときの前田はもはやレスラーではなくなっていた。ファイターの本能に従って身体を動かしていて、いちいち大脳で状況を認識して分析して判断して、指示が出て、それで手足が動くというようなことではなくなっていた。闘争本能むき出しの獣のような戦闘マシンになって、身体が自動的に、反射的に動いて戦っていた、というような状態だった。

試合が終わった後、いろいろなことがわかってくる。ニールセンは、アメリカ、ロスアンゼルスのベニー・ユキーデの道場ジェット・センター所属の選手なのだが、三ヵ月も前に日本で異種格闘技戦を戦うように指示されて、プロレスラー対策の練習をさんざんして、試合に臨んでいた。

これをあとから知った、前田は「オレを潰そうとする陰謀だったとしか思えない」と言っている。前田はそういう敵をうち破ったのだ。

このあとのメーンエベントだった猪木とスピンクスの試合がなんともだらしなくて、「あの試合は凄かった」という話題の中心が、余計に前田とニールセンの試合にいってしまった。このあと、前田は「新しい格闘王が出現した」と言われるようになった。

（『格闘者②』２５４頁）

□前田の発言

あのときのことを思い出しているんですけれど、猪木さんが異種格闘技戦をやっても、当時のマスコミから見ても、なんかわかんないけどプロレスっぽいんですよ。あの試合（猪木VSスピンクス戦）がホントはプロレスだったかどうかも自分にはわからないんですけど、オレはスピンクスがあの試合を本気でやったとは思えないんです。猪木さんがなんとなく勝っちゃったみたいな。あの人がやることというのはなんか、どうしてもプロレスっぽいんですよ。

で、自分があのときにやったのは、蹴りとパンチは使えないから掌底やったり、あとタックルとか、

みんな純正の格闘技技術じゃないですか。だから、あのとき、一般の人が持っている、レスラーって実際に（ほかのジャンルの人とかと）戦ったらどうなんだろうというのがあったと思うんですよ。ホントに格闘技の技術を使えるんだろうかというのがあったと思うんです。たぶん、オレはそれを初めてやったんですね。戦い方を研究する余裕も与えられないで、戦う羽目になったんですけれど、見に来ていた人たちがレスラーみたいのが本気で格闘技やったら間違いなく強いだろうと考えていた、その部分で期待を裏切らなかったんだと思うんです。

あの試合を見に来ていた大道塾の東さん（東孝）とか、極真の人とか色んな人が「あれは真剣勝負でやったすごい試合だった」って言ってくれて。プロレス・マスコミの人たちもやっぱりガチンコでやったんだな、と納得してくれたんです。

10月13日
この日からテレビ朝日『ワールドプロレスリング』が金曜日から月曜日に移動。金曜八時の定番であったプロレス中継が28年ぶりに同枠から姿を消した。

●１９８６年は前田にとって飛躍の年となったが、視聴率の低下は止まらなかった。10月13日には『ワールドプロレスリング』はついに日本プロレス時代から続く伝統の金曜８時枠を離れ、月曜８時枠へと格下げになった。

（『１９８４年の～』２５５頁）

テレビ番組の視聴率の低下は別に前田のせいではないだろう(I氏も同意見)。

10月27日

奈良県橿原体育館で藤原喜明とA・猪木がファン投票で二年四ヵ月ぶりにタッグを結成し、B・アレン、S・ウィリアムス組を撃破。

11月24日

札幌中島体育センターで、B・ブロディの来日中止により、突如、坂口征二と前田日明のシングル戦が実現する。前田の猛烈なキック攻撃で坂口の鼓膜が破れる。怒った坂口が暴走、前田の反則勝ちとなる。

12月3日

鹿児島県立体育館で、高田伸彦、越中詩郎組が「86ジャパンカップ争奪タッグリーグ戦」公式戦で、反則勝ちではあるが、A・猪木、藤原喜明組を破る大金星をあげている。

12月8日

愛知県体育館でA・猪木、藤原喜明組がタッグリーグ公式戦で武藤敬司、藤波辰巳組と対戦、猪木が武藤をバックドロップで破る。前田日明、木戸修組が高田、越中組と対戦、木戸が越中を首固めでフォール。

12月10日

大阪城ホールでのタッグリーグ公式戦で、A・猪木と前田日明がついに激突。越中詩郎が山崎

一夫を破り、ＩＷＧＰジュニア・ヘビー級王座を防衛。

12月11日
東京・両国国技館で【86ジャパンカップ争奪タッグリーグ戦】優勝決定戦が行われ、猪木、藤原組が前田、木戸修組を破り、優勝。

12月13日
17日まで、前田、高田、山崎の三人はムエタイ研究、特訓のため、タイ・バンコクへ遠征。バンコックのペチンリー・ジムで本場のムエタイを学ぶ。

【1987年】

1月4日
東京スポーツ新聞社制定『86年度プロレス大賞』で6月12日に大阪で行われた前田対藤波戦が年間最高試合を受賞。最優秀タッグに高田伸彦・越中詩郎組が選ばれる。

2月3日
東京・上野の本牧亭で藤原喜明がお得意の浪曲を披露する。

2月5日
越中詩郎が高田伸彦を破り、ＩＷＧＰジュニア・ヘビー級王座を防衛。

2月20日
ＵＷＦが東京・世田谷の道場で新人オーディションを行う。ジャパンプロレスの長州力が体調不良を理由に全日本プロレスの後楽園ホール大会を欠場。

2月28日
東京・後楽園ホールでUWFが初の主催興行。新日本プロレスからも7選手が参加し、タッグで対抗戦を行うが、すべてUWFの勝利に終わる。
3月＊日（日にちが特定できないので＊で表記）
このころから船木が骨法道場に通い始める。
3月20日
東京・後楽園ホール。IWGPタッグ王座決定戦で、武藤、越中組が前田、高田組を破り、第4代王者となる。越中はIWGP2冠を達成。
3月23日
全日本プロレスの試合を欠場中の長州力がジャパンプロレスは全日本プロレスとの契約を更改せず、完全独立すると発表。
3月25日
大阪・ロイヤルホテルで行われた『INOKI闘魂LIVE PARTⅡ』の猪木対M・斎藤の調印式に、M・斎藤の代理人として長州力が現れる。
3月26日
大阪城ホールで『INOKI闘魂LIVE PARTⅡ』を開催。猪木対M・斎藤のシングル対決に海賊男が乱入、手錠で斎藤の手を拘束。不可解な展開に会場は椅子が飛び交い暴動に発展。セミファイナルでは前田、高田組が武藤、越中組を破り、第5代IWGPタッグ王者となる。

また、船木優治、野上彰組が安生洋二、中野龍雄組と対戦。船木が安生をラクダ固めで破る。会場では放火事件も発生し、消防車、警察、大阪府警機動隊まで出動。怒った観客は金返せコール。流血の斎藤も控え室で、手に巻き付いた手錠を見て怒りをあらわにした。新日本は興行史上、最大の汚点を残す。

3月27日

前日の大阪城ホールでの新日本プロレスの不祥事を、NHKラジオも含む一般マスコミが一斉に報道。

3月30日

A・猪木ら新日本プロレス関係者が、大阪城ホール、大阪府警、大阪東警察署を訪ね、陳謝。この日、ジャパンプロレスは記者会見し、長州力を背任行為により追放と発表。

このころの猪木は前田から逃げ回って、前田にUWFの主催興行を許し、かわりに自分のスタイルでの試合につき合ってもらっている。なにしろ、彼はもう四十四歳になろうとしていて、予定調和のようなプロレスしかできなくなっていた。

アントニオ猪木の落日

当時、猪木は激しく抵抗していたが、テレビ朝日などは、一刻も早く猪木中心の体制から脱却しなければ、プロレス番組そのものが沈没してしまうだろう、というふうに考えていた。つまり、テレ朝にとっては、プロレス番組の視聴率が上がらないのは、簡単にいうと、猪木のせい、だった。それがあって、『ワールドプロレスリング』の内容改変、つまり、バラエティ番組化と、所属レスラーの世代交代、えげつなくいってしまえば、猪木メインの試合進行から、藤波、前田ら、(少なくとも猪木より一世代、二世代)若いレスラーたちを中心にした団体運営に切りかえる、

藤波・前田の二枚看板だと、前田のいいようになってしまうから前田を頭から押さえられるヤツがほしい。それができるのは長州力しかいない。簡単に言うと、そういうことだった。視聴率回復と猪木排除、この二つの話の軸があって、ものごとが進行していた。それで、新日本プロレスは、これも言い方はえげつないのだが、一度出て行ってしまった長州力をむりやり金の力で全日のマットからひきはがし、新日に復帰させるという荒療治に出た。

4月7日

恵比寿のリキ・プロダクションに長州力、M・斎藤、馳浩、小林邦昭、佐々木健介、他のレスラーが集まりリキ・プロ軍団の結成を表明。また、この日からテレビ朝日の新日プロ中継が新形式のバラエティ・スタイルとなり、『ギブUPまで待てない!! ワールド・プロレスリング』のタイトルでスタート。司会進行役に山田邦子、男闘呼組、ラサール石井、笑福亭鶴瓶、志村香がレギュラー出演。番組中でM・斎藤が猪木との再戦をアピール。プロレス・ファンはプロレスを理解していないタレントが番組を進行させることに一斉に猛反発。出演した馳浩も不躾な質問をするタレントに本気で怒った。この史上最低のプロレス番組はすぐ放送中止となるが、

この頃の新日本プロレスとテレビ朝日の、時代への認識不足を象徴した番組であった。新日プロ離れがファンの間で急激に進行した。

●前田を中心とするＵＷＦ軍団は期待外れだった。（『１９８４年の～』２５５頁）

右の一文はテレビ朝日から出向してきた新日プロの役員たちがそう考えたのだろうが、地の文だから、柳澤もその考えに同意していることになる。ここでも、どうしようもなく分析が甘い。素人みたいな解釈だ。テレ朝出向組の役員たちはプロレスの出来不出来をテレビの視聴率中心に考えていたが、プロレスを支持する、働き盛りの男たちの興味は、そもそもテレビのスポーツ番組から離れ始め、テレビそのものに興味を持たなくなっていた。番組の漸減的な視聴率低下は、本質的にはプロレスラーがどうしたというような問題ではなかった。時代の風潮である。

テレビ朝日のプロレス中継番組『ワールドプロレスリング』は一昔前、猪木が元気が良くて、タイガーマスクが暴れ回り、維新軍と正規軍の対立が鮮明だった時代には二十パーセントを超える視聴率をとっていたのが、このころには低落して十パーセントを切りはじめていた。視聴率低迷の悩みは日本テレビ＝全日本プロレスも同じだったのだが、テレビ朝日の場合、ゴールデン・アワーの番組枠である。この時間帯で他社に負けていて平気、というわけにはいかなかった。

この年の春先からの新日プロのさまざまの動きは、二つのことがらを軸にして回っていた、と書いていいと思う。
ひとつは、どうすれば、『ワールドプロレスリング』の視聴率を回復させることができるか、もうひとつは、アントニオ猪木をどうやって、団体のトップ・レスラーの座から引き下ろすか。現在ある、団体のなかの「格付け」をできるだけ変えないままで、トップの首だけすげ替えたい、それが団体の上層にいる人たちが考えていることだった。

●新たに手を打たなければ。そう考えたテレビ朝日は、全日本プロレスに参戦していた長州力の引き抜きを画策する。オリンピックレスラーである長州にとって、プロレスはビジネス以外の何物でもない。高額の移籍金を提示されれば、動くのは当然の判断である。マサ斎藤、小林邦昭、スーパー・ストロング・マシン、ヒロ斎藤、馳浩、佐々木健介らを連れて、長州が古巣の新日本プロレスに戻ったのは、1987年3月のことだ。
（『1984年の～』255頁）

まず、この文章。「オリンピックレスラーである長州にとってプロレスはビジネス以外の何物でもない。高額の移籍金を提示されれば、動くのは当然の判断」…、この文章も雑でひどい。こんなことを書いたら、前田だけでなく、長州も怒り始めるのではないか。長州にとってもプロレスはもちろんビジネスだったのだろう。しかし、長州が自分でプロレスはビジネスだと言ったことは一度もないはずだ。田崎健太が書いた『真説 長州力』のなかに、著者の文章で「長州にしてみれば、自分は仕事としてプロレスを受け入れている」と書いた部分がある（354頁など）が、仕事（Labor or Occupation）とビジネス（Business）＝商売とは違う。これもレスラーを貶めて書いている文章である。

長州はある時期、新日本のプロレスに見切りをつけて、馬場の誘いに乗って、いったんは全日本のリングに上がってみたが、いろいろな意味でそこも、自分の理想の場所ではなかった。社長に祭り上げられたジャパンプロレスも内実は火の車経営というか、借金山積み状態で、夜逃げしたいような心境でいたところに、古巣の新日から「戻ってこないか」と声がかかった。

「一億円あげるからもどって来いっていうんです」という、このとき、長州が言ったという有名なセリフはたしかにわかりやすいが、もしかしたら、これもプロレス的な発言＝みんなのウケをねらった偽悪発言ではないか。たしかに前田が長州について「あの人はわりあいとお金のことにうるさいんですよ」と評したことがあったが、生まれや育ちがどうであろうと、人間はなんでも金だみたいな書き方をしたら長州の理想に対しても、あらゆる現実と理想のあいだで苦しむレスラーたちに対しても失礼千万というものだろう。金がほしいのは誰でも同じで、人間はすべて金で動く部分は持っているが、金だけがすべてみたいなことを言う人間はみんなから軽蔑される。

4月13日
前田日明がシングル対決で越中詩郎に完勝。
4月20日
前田日明が下関市体育館でC・B・ビガロに新日マット復帰以来初のフォール負け。

4月27日
越中詩郎が前田日明とのタッグ対決で足を骨折。入院し中期欠場となる（前田はこの項目について、試合中の負傷ではないとメモを添えている）。

5月11日
東京・後楽園ホールで『87ＩＷＧＰチャンピオン・シリーズ』が開幕。長州力が通路に現れるが、行動せず。

長州力というのはどういうレスラーなのだろうか。編者はかつてこう書いたことがある。

長州のスタンスをできるだけ前田に対する身びいきのないように説明しておかなければいけない、というふうに思う。新日本プロレスはそもそもアマレスの檜舞台からの転身組が少なく、みんな、前田のようなストリートファイターからのたたき上げや道場で切磋琢磨して強くなったというキャリアのレスラーたちが多かった。藤波も藤原もそうだし、猪木からして元をただせば、ブラジルの砲丸投げの得意な高校生だったのである。

そのなかで、長州力は、たたき上げのプロレスラーのように見えるが、じつはミュンヘン・オリンピックのアマチュアレスリング、韓国代表だった人である。日本代表になれなかったのは在日だったからだ。長州は、オリンピック的にいうと全日のナンバー2、ジャンボ鶴田と同格といって差し支えない（ジャンボは同じミュンヘン大会の日本代表だった）実戦レスリングの体現者だった。それが、馬鹿を承知で勝ち負けをつくり出すプロレスをやっているのである。

長州は前田たちのやろうとしているシュートとかガチンコとか、アマレスの競技者であればそれまで競技大会などでイヤになるほどやって来て、そういうものがどれだけ殺伐としていて、そんなものでは観客は見にきてもくれなければ、熱狂もしない、というふうに考えていたのである。だから、UWFなんて、ケガするだけだから止めとけよ、というのが本音だったのだ。長州からいわせたら、前田はすぐに難しい理屈をこね始めて、和やかな仲間のつながりを壊す、嫌な奴、端的にいうと、そういう人間だったのに違いない。そして、この見方は、おおかたの普通のレスラーたちの共通したものだった。前田は、要するに弱いレスラーたちに反感を持たれていた。

これにつけ加えていえば、プロレス団体という人間的なまとまりのなかで、一蓮托生で、手をつなぎ合って、役どころをきめ、こんなのはスポーツじゃないなんて、口に出してもしょうがないような戯言をいわずに、［打ち合わせプロレス］をやりながら生活していく、それでいいじゃないか、というのが要するに、一般的なレスラーたちの心情でもあった。経営や将来のことは上層部が考えてやっていけばいい、オレたちはその後を黙ってついていくだけだ……。

長州は、下積みのレスラーたちの、藤波や自分や前田のように、牙をむきたくてもむけない、情けない、切ない心模様をよくわかっていた。そういう人たちに対しての、プロレス団体内革新派たる長州力のスタンスは、俺のいうことを聞けよ、そしたら、食っていくのに困らないようにしてやるよ、飯が食えなきゃ話にならないじゃないか……。そういうことだったのではないかと思う。つまり、長州はスポーツ・エリート（＝テクノクラートとしてのプロスポーツプレイヤーのエリート）

だったのである。

　たたき上げたのは藤波や前田や藤原の方なのだ。藤波は、寒い朝の練習ではストーブの前から動かないような、要領のいいレスラーだったというようなことをミスター高橋を初めとして多くの人たちが証言しているが、長州力は脚光を浴びきれない下積みレスラーたちの人望も厚く、地方巡業の時もそういうレスラーたちと一緒にバスで移動して、彼らの悩みの相談相手になってやるような、新日プロのレスラーたちのつくっている職場の労働組合のオピニオン・リーダーのような存在だった。だから、長州がジャパンプロレスの旗を掲げて、新日本プロレスに反旗を翻したとき、ＵＷＦに心を動かさなかった「並の」レスラーたちが多く行動をともにしたのだ。そういうことからすると、前田や高田、山崎らは将来の有望株といわれて、未来を嘱望される、長州とはまた違う意味でのエリート街道を歩いていて、別扱いだったのである。

　長州が学園祭の大学の講演会に呼ばれて、そこで言ったという「アイツは小ずるい奴」という前田への批判が、具体的にどういうことをさしていたのか、いまとなっては知りようもないが、この時の長州からは前田はそういうふうに見える存在になっていたのだと思う。もしかしたら、新日に寄生しながら、プロレスの（年功序列的な）ヒエラルキーを無視して美味しいところばかりを手に入れようとするヤツ、というような意味だったのかも知れない。ただ、長州のなかには、前田のように、近代的な倫理意識に支えられて革命家的なスタンスをとって、自分の理想、ポリシーに従って行動し、それを貫徹するというような剛直なところはなかった。そして、最終的には、賃上げ闘争をやっている労組の委員長みたいなところがあって、ベースアップに満足すると、いろいろな主張を引っ込めて、相手のいうことに黙って従うのである。つまり、いろんなモノのなかで一番大事なのは、給料と自分の生活、というような、要するに普通の体制のなかの、家庭を大切にする人だった。

（『U・W・F戦史Ⅱ』83頁）

プロレスのなかでいわれる革命、天龍革命や藤波辰巳の飛龍革命というのは、戦い方をリアルにする、そういう試合を作るという意味で、アングルの一種であり、本質の核の部分を変革するという意味ではない。その意味で、前田がやろうとしていたプロレスそのモノを作りかえる［革命］とは別のものだった。長州やその他のレスラーたちは前田のような、小林秀雄やベルグソンやシュタイナーを読みあさり、四六時中、プロレスの変革のことばかり考えていて、観念（＝理想）に導かれて（あるいは取り憑かれて）生きている人間の人生とは、基本的な体質が違っていた。

宿敵　長州力とのたたかい

長州については、前田のこんな感想がある。

□前田の発言

プロレスの最中に相手のかけてくる技を受けて、やられてみせることを「セールする」っていうんだけど、長州さんは昔はそんなことなかったんですけど、オレがイギリスから帰ってきたあと、

何度か試合をやっているんだけど、オレが技をかけてもちゃんとしたセールをしてくれなくなっちゃったんですよ。なんか、オレを妙に意識して、オレの方が格が上だと言わんばかりに振る舞っていて。

これは、編者の推測では、長州は猪木が前田を将来の新日本プロレスのエースレスラーにしたがっているということをなんらかの形で知らされて、そこから前田に対して距離を置きはじめ、差別をはじめた、ということではないかと思う。

5月13日

札幌中島体育センター。長州力が藤波の試合に乱入。

5月14日

前日と同じく、札幌中島体育センターで藤波辰巳が乱入した長州力のサソリ固めで左足、骨折。この日の試合後、M・斎藤が全日本と交わした契約によって新日本のリングに出場できない長州力について、「猪木が持っている紙切れ一枚のせいで、長州がリングに上がれない。馬場だって、長州参戦と同時に引退するという約束を破った」と発言。選手の契約を「紙切れ一枚」と表現したことが話題を呼ぶ。

5月18日

S・S・マシンが握手を無視した前田日明に大流血の暴行を加える。前田はそのままM・斎藤とシングル対決、リングアウト負け。

5月20日

横浜文化体育館で18日の負傷による欠場の挨拶をしている前田をS・S・マシンとM・斎藤が蹴撃。

5月25日

仙台大会。前田が山崎のキックにより胸部剣状突起骨折。27日からのIWGPチャンピオン・シリーズを欠場。

5月30日

鹿児島県立体育館で長州力の新日本プロレス復帰第1戦が組まれるが、入場時に藤原喜明に襲撃され、出場不能に。

6月1日

愛知県体育館で長州力が二年八カ月ぶりに新日本プロレスに復帰。試合前に藤原喜明が海賊男に襲撃されるなど、このころの新日本プロレスはギミックに頼った展開が多く、ファンの怒りを買っていた。

6月9日

大阪府立体育会館で長州が藤原を血だるまにして、ラリアットKO。M・斎藤が海賊男（斎藤の要請により『ミスター・パートナー』とコールされる）を伴って現れ、A・猪木、高田延彦（高田伸彦が改名）組を破る。

6月12日
東京・両国国技館にて猪木がM・斎藤を破ってIWGPチャンピオン・シリーズ四連覇を達成し、王座に就く。斎藤のラリアットで失神した猪木をセコンドの星野勘太郎が張り手で目覚めさせるが、さらに斎藤はバックドロップを連発。しかし、3発目を猪木が切り返し、逆転フォール。試合終了後、突然長州がリングに上がり、TV解説の前田と藤波，さらに木村健吾、S・S・マシンを呼んで「お前らこのままでいいのか！　いまやらなくてどうする!!」と世代交代をアピール。ここに新旧世代闘争が勃発する。前田が「どうせやるなら誰が一番強いか、やったらいいんや」と発言。
6月23日
長州、藤波、前田、木村健吾が、東京・青山のリキ・プロダクションに集まり、四者で会談。その後、同ビルの一階の喫茶店で記者会見を開き、新旧交代をそれぞれアピール。

無理矢理に新日のリングへの復帰を明言した長州力だが、その後、すぐに、新日のマットに上がれたわけではない。新日本と全日本のあいだにはこんなこともあろうかと相互にかわした(つまり、猪木と馬場が約束した）協定があり、その、移籍後二ヵ月間は移籍先のリングに上がれないという条項の入った引き抜き防止協定をからませた契約書が存在していた。そのおかげで、彼はリングサイドで騒げても、試合に参加することができない、テレビ番組には半年出ることができないという、宙ぶらりんの妙な状態がつづく。

これは前に、彼が新日本プロレスを見限って、ジャパンプロレスへ移籍し、全日本のリングに上がったときに、全日本は新日本に対して、違約金の五千万円を弁償して払っていた。それがあるので、もし、同じようなことになるのだったら、新日本は同じようにしなければならなかったのである。それで、リングサイドまでやって来て、大騒ぎするが試合には出られないという［不健康な］状態がつづいていたのである。（『週刊ゴング』1987年7月24日号30頁参照）

長州が新日マットに完全復帰するのは六月一日、出場する試合がテレビで放送されるのは十月五日以降のことである。ところが運の悪いことにというか、皮肉にもと書くべきか、長州が新日のマットに上がることのできる期限を越えるころ、具体的にいうと、前田は五月二十五日の宮城県大会での、高田延彦を相棒にしたＩＷＧＰタッグ選手権でチャンピオンとして藤原喜明・山崎一夫組の挑戦を受けて、試合には勝つのだが、ここで山崎のキックを受けて、胸部を骨折、戦線からの離脱を余儀なくされるのである。

このとき、観客動員の方はともかくとして、じつは問題になったのは低落をつづけていたテレビ番組の視聴率で、前述もしたが、テレビ朝日は『ワールドプロレスリング』を『ギブUPまで待てない!!』というプロレスをネタにした山田邦子のバラエティショーのような体裁に改変してしまって、視聴率も一〇パーセントをきる、五パーセント間近というようなところまで落っこちてしまっていたらしい。

このときに進行していたのはＩＷＧＰのリーグ戦だったのだが、前田はこれに欠場する形になり、リーグ戦は六月十二日にケリがついて、猪木がマサ斎藤を破って四連覇を達成することになる。これは正直、新鮮味も面白味もない決着だった。それはフロントというか、ブッカーもよくわかっていて、試合の終わったその場に、長州が乱入する筋書きになった。

長州が新日プロにもどることが決まって、彼らが新たに作り出したアングルが［世代闘争］だった。物語全体の背景にあるストーリーは猪木の後継者は誰か、ということなのだが、この話は前田語録の白眉である「ホントに一番強いのは誰か、やってみればいいやんけ」とテレビカメラの前で発言して、物議を醸した話である。編者はかつてこの部分をこういうふうに書いた。

猪木がマサ斎藤を破って四連覇を達成し、IWGPの王座についた試合の直後、突然、長州力がリングに乱入し、その時、テレビ解説をおこなっていた前田や藤波、それにリングサイドにいた木村やS・S・マシンらを呼んで、「お前ら、このままでいいのか！　今やらなくてどうする！」と、世代交代の必要性を声高にアピールし、［ニューリーダー闘争宣言］をおこなう。前田は、自分が骨折していることもあって、事態の推移を傍観するしか方法がなかった。

そして、この話の続きなのだが、六月二十三日にはリキ・プロから「ちょっと来てくれ」と声がかかり、呼び出されて出かけていくとそこには長州の他に、藤波、木村健吾が待っていて、レスラーの世代交代について四者会談、長州は威勢良く、俺たちが日本のプロレス界の新しいリーダーだと花火を打ち上げるのだが、前田はこれに渋々同意、前田の本心はまた別にあり、席上「誰が一番強いか、やったらいいんや」と発言して異論も唱えている。

（『U・W・F戦史Ⅱ』38頁）

■前田の発言

あのとき、ジャパンプロレスの近くの喫茶店に呼ばれて、テレビの中継の試合の合間にみんなで（マイクを持って）なんか言おうっていう打ち合わせをしたんです。その場には、藤波さん、長州さん、オレと木村さんの四人が集まっていたんですよ。たしか猪木さんか坂口さんか、誰か新日本の人もこの打ち合わせに同席していたと思う。そのときに、カメラの前で順番にこういうふうに言おうというセリフを決めて。藤波さんこう言う、長州さんこう言う、木村さんがこう言う、おれがこう言うって段取りを決めていたんです。

たしか、前の人たちが「もうそろそろ俺たちの時代にしなきゃいけないんだ！」、「日大講堂で、正々堂々とオレたちと戦え！」みたいなことを言って、オレの番が来たら、オレは「猪木、坂口、オレたちと戦うために来い」とか言うことになっていたんですよ。本番のときに一番最初、長州さんがなにか言ったんだけど、長州さん、噛んでいてなにを言ってるかわからない。しゃべっている本人は自分の言っていることが周りにぜんぜん理解されていないことに気がつかないでいるんですよ。そのあと、藤波さんがなんか言ったんだけど、これも滑舌が悪くてよく聞こえなかったんです。で、なに言ってるかわかんないよって言われて、みんなで大爆笑ですよ。それ聞いてるうちに、自分の番が来たときには、ああなんかもうホントにアホらしいな、と思ってウンザリしていたんです。

みんなが決まったセリフを言っているのを聞いてるうちに自分の番になったときにホントにアホらしいな、と思った。それで「だったら、誰が一番強いか、真剣にやればいいじゃないか」って言っちゃったんですよ。そしたら、みんなに、オマエ、なに勝手なこと言ってるんだってギラッと睨まれたんです。

けっきょく、このリング上のパフォーマンスでプロレス・ジャーナリズムがおもしろがって取りあげたのは、前田のこの、ルール破りのトンパチな発言だった。こういう話を聞くと、マスコミの方もけっこうプロレス団体の思惑を越えたところで、レスラーたちの戦いの本質を把握していたのかもしれないなと思わせる。

前田も自分の気持ちが新日本のプロレスの枠からはみ出しそうになりながら、必死でその枠を守りながら、プロレスをつづけていた。それで、こういうマンガのような場面につきあわされると、ついつい、ことの本質を突くような発言をしてしまうのである。これは要するに、四人集まった微温的な政治家のなかに一人だけ過激な、体制外革命戦士が混じっているようなものだった。長州、藤波らはあくまでもアンシャンレジーム（旧体制）の改革派である。

■前田の発言

いま考えてみると、あの世代闘争で、同時進行で進んでいたＩＷＧＰがパンクしちゃったみたいなことなんですよ。だから、あのセリフがマスコミに取り上げられて一人歩きし始めちゃったから、みんなから思い切り睨まれたですね。コイツ、一人で勝手なことをして、いいとこ取りしやがってみたいなことで。

このあと、しばらくして猪木は参議院選挙に立候補して、政治家に転身しようとして、坂口も現役のレスラーを引退して、団体の経営に専念するようになる。もしかして、［世代闘争］というのは、冗談ではなく、本当に新日プロの現役のエースを誰にするかという、そういう勝ち抜き戦だったのかもしれない。このなかで、前田がバカバカしがらずに（わたしは世代闘争というのも、坂口と猪木が書いたアングルだったのだろうと思うのだが）このプロレスの戦いにプロレス的に臨んでいたら、新日本プロレスの後継者は、前田日明だったのだろうと思う。どうしてかというと、前田はそのへんの周りのレスラーたちに混じって戦ったときに、要するに本当に強かったからである。

猪木もやはり、カール・ゴッチと同じように本当に強くなければ話にならないと思っていたはずなのだ。プロレスには演技力も政治力も見た目のかっこよさのようなものも必要だが、なによりもなければならないのは、見かけだけでない本当の強さなのだ。前田にはなによりもそれがあった。現役時代の彼は、プロレスラーとしてはよく切れる日本刀の使い手が竹刀を使ってしか試合しない、そういう戦いをつづけていたのだった。

しかし、これも十一月に長州を蹴り飛ばして、彼の右前頭洞底を骨折させるまでのことである。なぜ前田はあそこで、長州の顔面を思い切り蹴飛ばす（本人は思いきりではないと言っている。「本気で蹴飛ばしたら死んでますよ」と言う）ようなことをしたのだろうか。

前田日明が語るＵＷＦ全史　上

2017 年 12 月 25 日　初版発行
2017 年 12 月 30 日　2 刷発行
著　者　前田日明
発行者　堀内明美
発　行　有限会社　茉莉花社（まつりかしゃ）
〒 173-0037　東京都板橋区小茂根 3-6-18-101
電話　03-3974-5408
発　売　株式会社　河出書房新社
〒 151-0051　東京都渋谷区千駄ヶ谷 2-32-2
電話　03-3404-1201（営業）
http://www.kawade.co.jp/
印刷・製本　（株）シナノパブリッシングプレス

定価はカバー・帯に表示してあります。
落丁本・乱丁本はお取り替えいたします。
ISBN978-4-309-92136-5